Alfonso Garcia Rubio

O ENCONTRO COM JESUS CRISTO VIVO

Um ensaio de cristologia para nossos dias

Paulinas

Dados Internacionais de Catalogação na Publicação (CIP)
(Câmara Brasileira do Livro, SP, Brasil)

Rubio, Alfonso Garcia
 O encontro com Jesus Cristo vivo : um ensaio de cristologia para nossos dias / Alfonso Garcia Rubio – 15. ed. – São Paulo : Paulinas, 2012. – (Coleção iniciação teológica)

 ISBN 978-85-356-3080-0

 1. Jesus Cristo 2. Jesus Cristo - Biografia 3. Jesus Cristo - Pessoa e missão 4. Jesus Cristo - Ressureição I. Título. II. Série.

12-02426   CDD-232

Índice para catálogo sistemático:

1. Jesus Cristo : Cristologia 232

15ª edição – 2012
5ª reimpressão – 2024

Direção-geral: *Flávia Reginatto*
Editora responsável: *Vera Ivanise Bombonatto*
Assistente de edição: *Valentina Vettorazzo*
Coordenação de revisão: *Andréia Schweitzer*
Revisão: *Patrizia Zagni*
Direção de arte: *Irma Cipriani*
Gerente de produção: *Felício Calegaro Neto*
Capa e editoração: *Sandra Regina Santana*

Nenhuma parte desta obra poderá ser reproduzida ou transmitida por qualquer forma e/ou quaisquer meios (eletrônico ou mecânico, incluindo fotocópia e gravação) ou arquivada em qualquer sistema ou banco de dados sem permissão escrita da Editora. Direitos reservados.

Cadastre-se e receba nossas informações
paulinas.com.br
Telemarketing e SAC: 0800-7010081

Paulinas
Rua Dona Inácia Uchoa, 62
04110-020 – São Paulo – SP (Brasil)
📞 (11) 2125-3500
✉ editora@paulinas.com.br

© Pia Sociedade Filhas de São Paulo – São Paulo, 2001

INTRODUÇÃO

A preocupação com a renovação da Igreja, desafiada pela modernidade, tem ocupado, ultimamente, boa parte do trabalho teológico e pastoral. Entretanto, a Igreja não é um fim em si mesma. Ela está a serviço do Reino de Deus, da evangelização, do anúncio da Boa-Nova de Jesus Cristo. Isto quer dizer que uma autêntica revisão da missão da Igreja remete sempre a Jesus. Em épocas de crise, é ainda mais necessária a referência contínua a Jesus Cristo. Seguir fielmente o caminho percorrido por ele é indispensável para que a Igreja possa superar, evangelicamente, os graves impasses com que hoje se defronta.

Este breve trabalho pretende colaborar modestamente para o encontro vivo da comunidade eclesial e de cada cristão com a palavra, com os gestos, atitudes e opções, com a vida toda de Jesus Cristo, com a existência de um homem encantador como ser humano, que foi, ao mesmo tempo, a assombrosa revelação de um Deus extremamente desconcertante e cativante.

Sabemos que uma das graves deficiências na evangelização da América Latina é, precisamente, a precária apresentação de Jesus Cristo e da Boa-Nova por ele anunciada e vivida. Por isso mesmo, o povo católico vem sofrendo uma "fome crônica" do Evangelho. A rica religiosidade de nossa gente não é suficiente para matar a fome nem para saciar a sede da palavra viva de Deus. Mal alimentado com o leite ralo de uma evangelização frequentemente superficial e fragmentária, o povo católico encontra-se subnutrido, também, em relação ao alimento da palavra de Deus. Ainda hoje, apesar da renovação em andamento, são bastante frequentes as catequeses e pregações com orientação cristológica inadequada. Sem dúvida, fala-se na pessoa de Jesus Cristo e os dogmas cristológicos são ensinados. Mas, infelizmente, apresenta-se um Cristo distante, perdido num emaranhado de palavras e de ideias incompreensíveis para a imensa maioria dos nossos católicos. Trata-se de uma apresentação incapaz de "tocar" o coração das pessoas e, portanto, de impulsionar à conversão pessoal e comunitária. Deparamo-nos, assim, com o Cristo professado na fé, mas separado da vivência religiosa cotidiana e desvinculado da história e de seus desafios.

Com surpresa, tomamos consciência recentemente de que o Brasil, considerado pelas estatísticas o maior país católico do mundo, é um dos mais injustos do ponto de vista social. As perguntas surgem de modo inevitável: Que Deus temos anunciado a esse nosso povo católico? Como tem sido feita a apresentação de Jesus Cristo? E, olhando para a tarefa evangelizadora atual, acrescentamos: Como anunciar a realidade do amor de Deus, manifestado mediante Jesus Cristo, quando se perpetuam, às vezes em nome desse Deus, situações em que o ser humano é impedido de tornar-se humano? Na perspectiva da revelação do Deus bíblico, sabemos que a negação do ser humano constitui sempre a negação do Deus da Vida, do Deus-Amor (Ágape).

Mas não ocorrem apenas os graves questionamentos provenientes de uma evangelização incompleta e de um cristianismo falho em matéria de compromisso ético (especialmente no âmbito econômico, social e político). Há também o difícil desafio da linguagem e da mentalidade modernas a exigir urgentemente uma explicação, uma comunicação significativa do conteúdo da fé em Jesus Cristo. É verdade que o impacto da modernidade demorou para adentrar na Igreja. Todavia, as medidas eclesiásticas defensivas em relação à mentalidade moderna não conseguiram evitar a influência desta na consciência católica. No século XVIII, a mudança na visão do mundo, resultante da ciência experimental, em conexão com a Ilustração, gerou profundas transformações na autocompreensão do ser humano. A perspectiva predominante no mundo antigo e medieval, marcadamente essencialista e estática, foi substituída por uma visão histórica e dinâmica, na qual a descoberta da subjetividade ocupa um lugar central. O ser humano passa a ser sujeito diante do mundo da natureza e, mediante o instrumental científico-técnico, domina-a, impõe-se a ela. A modernidade desenvolveu uma subjetividade unilateralmente racional-instrumental. Ao mesmo tempo, o ser humano percebeu-se como sujeito dotado de independência, autonomia e liberdade, chamado a construir a história humana em vez de passivo, alienado e indefeso diante do destino ou da fatalidade. A verdade passou a ser vista em função do sujeito humano, na medida em que o convence, deixando-se de lado o argumento da autoridade.

Recentemente, desenvolveu-se uma mentalidade e uma sensibilidade chamadas de pós-modernas. Tem-se discutido se realmente se trata de uma nova época ou, apenas, de uma forte crise no interior da modernidade. No entanto, todos concordam com o fato de que há uma reação contra a subjetividade racionalista instrumental moderna. Todavia, é uma reação expressa também de acordo com a subjetividade, só que da subjetividade agora entendida, sobretudo, no âmbito da autorrealização no campo afetivo.

O que importa aqui ressaltar é que o desafio da modernidade/pós-modernidade e, mais especificamente, o desafio da subjetividade, tanto na vertente racionalista quanto na afetiva, afetam todos os seres humanos e, entre eles, é claro, também os cristãos. Este importante dado deve ser levado em consideração no trabalho evangelizador. Não se trata apenas de aceitar acriticamente todos os postulados da modernidade/pós-modernidade. Tampouco se deve adotar uma atitude totalmente negativa, incapaz de perceber o menor valor no mundo moderno/pós-moderno. Mantendo uma atitude dialógica e crítica, desejamos anunciar Jesus Cristo e sua Boa-Nova às pessoas influenciadas por essa mentalidade. Uma parte considerável dos coordenadores e agentes de pastoral de nossas comunidades eclesiais encontra-se nessa situação.

E quanto ao povo de nossas comunidades populares? Sem dúvida, é cada vez mais urgente anunciar Jesus Cristo numa linguagem (ou linguagens) popular. Entretanto, é conveniente lembrar que esta linguagem já está sendo influenciada pela modernidade/pós-modernidade, em virtude da influência dos meios de comunicação social e da escolarização. É preciso ressaltar também que, na evangelização, deve ser evitada cuidadosamente a tentação de "invadir culturalmente" — como temos feito com tanta frequência em nossa história passada e presente — a cultura popular, que deve ser conservada e respeitada. A evangelização, na cultura popular, é a própria comunicação significativa da Boa-Nova de Jesus Cristo no interior da expressividade, do mundo simbólico e afetivo e das necessidades e prioridades existenciais do povo, principalmente dos mais empobrecidos.

Neste trabalho, procuramos destacar o que há de mais fundamental na evangelização: a MENSAGEM VIVA. Esta pode ser percebida tanto pelas pessoas que falam a linguagem moderna quanto por aquelas que falam a linguagem popular. Naturalmente, a percepção e a vivência serão concretizadas em mundos expressivos e simbólicos muito diferentes. Uns e outros, contudo, são chamados a encontrar-se com a palavra viva do Evangelho, palavra inseparável de Jesus Cristo.

Não pretendemos aqui elaborar uma reflexão cristológica completa. Nossa proposta é mais modesta: inspirado nos textos do Novo Testamento, o trabalho desenvolvido neste livro deseja colocar-se prioritariamente a serviço do encontro vivo entre a pessoa do evangelizador e Jesus Cristo, o mesmo Jesus Cristo que mudou o sentido da vida de Pedro, João, Tiago, André, Maria Madalena, Marta e outros discípulos e discípulas. Trata-se de uma experiência que pode mudar, igualmente, o sentido de nossa vida atual. Esperamos, assim, em sintonia com as Conclusões da IV Conferência do Episcopado Latino-Americano de Santo Domingo, contribuir para a renovação da evangelização em nosso País.

Esta obra, embora apresente uma linguagem bastante simples, evitando, na medida do possível, a utilização de termos excessivamente técnicos, apoia-se no resultado comprovado das pesquisas exegéticas sobre o Novo Testamento, especialmente daquelas que se referem à vida de Jesus de Nazaré, à sua mensagem e atitudes e à sua morte e ressurreição.

Na primeira parte deste livro, apresentamos algumas questões básicas necessárias para uma melhor compreensão do texto evangélico. Na segunda parte, procuramos acompanhar Jesus em sua vida de pregador itinerante, "ouvindo", cativados, sua pregação a respeito do Reino de Deus; ficaremos admirados diante de suas opções, de suas prioridades e, sobretudo, diante de sua liberdade em relação à lei, à religião e a todo tipo de preconceito; contemplaremos a relação vivida por Jesus com Deus, invocado como Abba. Na terceira parte, acompanharemos Jesus também na sua paixão e morte de cruz, elucidando o seu sentido salvífico e procurando eliminar os numerosos mal-entendidos que dificultam a compreensão desse sentido. Examinaremos, na quarta parte, a realidade luminosa da ressurreição e seu rico conteúdo teológico. Na última parte, e segundo os títulos cristológicos, abordaremos diretamente o conteúdo da profissão explícita de fé em Jesus Cristo, tal como aparece confessada e proclamada no Novo Testamento. Mostraremos também como a Igreja se manteve fiel a essa profissão de fé. Esta parte inclui ainda uma resposta, elaborada pela teologia contemporânea, a quatro questões sobre o homem Jesus de Nazaré, que são levantadas frequentemente no trabalho evangelizador. Como conclusão, procuraremos focalizar claramente quais são os critérios cristológicos que deveriam nortear sempre nosso trabalho evangelizador.

1

QUESTÕES INTRODUTÓRIAS

A questão básica refere-se à articulação entre o "Cristo da fé" e o "Jesus histórico". Em conexão com esta questão, é necessário verificar como surge, no Novo Testamento, a fé explícita em Jesus Cristo, bem como a reflexão propriamente cristológica. Para a realização do trabalho evangelizador, é bastante negativo separar o Jesus histórico do Cristo da fé.

I. Relação entre o Cristo da fé e o Jesus histórico

Primeiramente, é preciso esclarecer o que se entende por "Jesus histórico" e por "Cristo da fé". "Jesus histórico" é o Jesus que pode ser reconstituído pela investigação histórica, aquele homem que viveu e morreu na Palestina do século I, ocupada na época pelos romanos. Já o "Cristo da fé" é aquele anunciado pela Igreja depois da Páscoa, o Cristo dos símbolos de fé e das declarações dogmáticas.

1. O vaivém da questão histórica

É fácil perceber que esta distinção entre "Cristo da fé" e "Jesus histórico", não é própria do Novo Testamento nem da tradição eclesial posterior. Ela só aparece e se desenvolve no mundo moderno, com suas exigências de cientificidade, especialmente no campo da história. E surge de maneira polêmica.

As obras de cristologia costumam apresentar resumos do desenrolar da história da distinção entre o "Jesus histórico" e o "Cristo da fé".[1] Vamos lembrar aqui apenas as três grandes etapas desse processo.

Num primeiro momento, procurou-se descobrir quem teria sido propriamente Jesus de Nazaré, reconstituindo sua história e deixando de lado os elementos próprios da proclamação cristã pós-pascal (posterior à morte-ressurreição de Jesus Cristo). Conforme se dizia na época (século XIX), o objetivo da pesquisa era libertar o verdadeiro Jesus, prisioneiro dos dogmas da Igreja, que teriam ocultado ou desfigurado a realidade da figura histórica desse Jesus que viveu na Palestina do século I. Esta tendência esteve fortemente presente nas pesquisas sobre a figura de Jesus. E foram escritas numerosas biografias dele, sempre com o objetivo de resgatar sua história real.

Numa segunda etapa, constatada a impossibilidade de reconstituir toda a história de Jesus e diante do fracasso das tentativas de escrever-se uma biografia realmente histórica (cada biógrafo, de maneira bem subjetiva, acabou apresentando um Jesus conforme seus próprios pressupostos, expectativas e ideias), muitos investigadores passaram a acentuar a importância e o valor do Cristo da fé proclamado pela pregação apostólica primitiva. Aqui já não importa o fato histórico bruto, mas sua interpretação. Ora, a interpretação a respeito do significado de Jesus é dada pela fé neotestamentária. E, em consequência, as investigações

---
[1] Ver alguns exemplos na orientação para leitura, infra, I. 3.

passam a centrar-se no estudo do Cristo da fé, deixando de lado a realidade histórica de Jesus de Nazaré. Foi o que predominou durante as cinco primeiras décadas do século XX, destacando-se R. Bultmann (1884-1976) como o autor mais importante desse período.

Atualmente — e esta seria a terceira etapa —, prevalece na investigação exegética uma orientação bem mais equilibrada e menos radical do que as duas anteriores. O Jesus pesquisado pela história e o Cristo proclamado pela fé eclesial são articulados de maneira mais satisfatória. E é interessante notar que esta orientação começou a ser desenvolvida entre os próprios discípulos de R. Bultmann.

2. O acesso a Jesus de Nazaré: o histórico e o interpretado

Para chegar à realidade de Jesus de Nazaré, dependemos de uma tradição que remonta ao círculo de seus discípulos. Esta tradição chegou até nós por meio dos escritos do Novo Testamento, lidos e interpretados pela Igreja. Tudo começou com os ensinamentos e com a atividade de Jesus. Depois da ressurreição e de Pentecostes, os discípulos dão testemunho acerca de Jesus e o anunciam como o Messias esperado e como o Senhor. A partir dessa pregação, foi-se formando uma tradição oral eclesial, comunitária, que recolhia parábolas, ditos e acontecimentos da vida de Jesus. Aos poucos vão aparecendo escritos que começam a consignar elementos dessa tradição. Tratava-se de uma tradição viva aberta às diversas situações culturais vividas pelas comunidades cristãs. Essa tradição comum, oral e depois escrita, embora com diversidade de acentuações conforme as necessidades das comunidades, está na base da redação final dos Evangelhos que nós conhecemos.

Ora, o resultado do ingente trabalho de pesquisa histórico-crítica, desenvolvido durante mais de dois séculos, mostrou-nos que esses escritos não constituem relatos históricos, da maneira que a ciência moderna os entende. Os Evangelhos são interpretações teológicas a respeito de Jesus Cristo, de sua mensagem, de sua vida e de sua morte-ressurreição, bem como do significado salvífico dessas realidades.

Essas interpretações foram elaboradas no seio das comunidades cristãs do século I, com o objetivo de atender às necessidades e responder aos questionamentos dessas comunidades. Isto não significa que os relatos evangélicos sejam "invenções" das comunidades ou dos evangelistas. Trata-se, na verdade, de interpretações crentes, mas enraizadas na história. Essas interpretações são pós-pascais, mas se relacionam intimamente com palavras, atitudes e acontecimentos vividos por Jesus de Nazaré (material de origem pré-pascal). Quer dizer, o material evangélico de origem pré-pascal e as interpretações pós-pascais, em conjunto, formam os Evangelhos que chegaram até nós. A inspiração divina, que faz desses escritos a Palavra de Deus, refere-se, igualmente, ao material de origem pré-pascal e às interpretações pós-pascais. Todo o Novo Testamento é a Palavra de Deus.

Distinguir, sempre que possível, o material de origem pré-pascal do material pós-pascal tem sua importância, quando se tenta recuperar — antes da luminosidade que a Ressurreição projetou sobre a vida de Jesus — os traços fundamentais de seu comportamento, de suas atitudes e de sua mensagem. Esta distinção é importante, pois, para que se perceba melhor em que consiste o *seguimento* de Jesus Cristo.

Aplicando critérios científicos, a maioria dos exegetas defende, na atualidade, o fato de que uma boa parte do material evangélico apresenta suficiente base histórica. A partir desse núcleo reconhecidamente histórico e sob a ação do Espírito, desenvolveram-se as interpretações das comunidades cristãs e dos evangelistas, que estão na origem dos Evangelhos.

Seria útil enumerar aqui os dados que, sempre segundo a pesquisa histórico-exegética, estariam dotados de maior base histórica:

— a existência de Jesus de Nazaré;

— o batismo de Jesus e a tentação;

— o fato de Jesus ter anunciado a chegada do Reino de Deus e dado sinais que marcavam sua atuação: ele viveu toda a sua vida a serviço do Reino;

— o fato de Jesus ter realizado curas;

— a relação especial de Jesus com Deus, invocado como "Abba";

— a realidade de que Jesus atribui a si mesmo o poder de perdoar pecados, de modificar a Lei de Moisés, de violar prescrições sobre o sábado e de anunciar a vontade de Deus, com base em sua própria autoridade;

— o êxito inicial como pregador, enfrentando depois duros conflitos; a experiência de uma profunda crise, mais ou menos na metade ou perto do final de sua vida de pregador;

— o relacionamento peculiar com os pobres, pecadores e marginalizados em geral;

— a escolha e o envio de um grupo de seguidores;

— a utilização de parábolas em sua pregação;

— a viagem para Jerusalém: entrada solene na cidade onde ceou com seus discípulos;

— o aprisionamento e a crucifixão; o cartaz colocado na cruz;

— a consciência de uma missão única.

3. O acesso a Jesus de Nazaré: a mensagem e o instrumental utilizado em sua comunicação

Alguém poderá perguntar agora: Que interesse teriam, para o atual evangelizador brasileiro, as investigações histórico-exegéticas? Não seria preferível continuar a ler os Evangelhos como sempre foram lidos, de maneira acrítica e ingênua? De fato, nosso povo lê os relatos evangélicos com toda a simplicidade e sem preocupação científica alguma. Para aqueles, porém, influenciados pela visão moderna/pós-moderna do mundo e do ser humano, a leitura ingênua dos Evangelhos não é mais possível. E, tal como foi ressaltado na introdução a este trabalho, o evangelizador deveria tomar consciência de que, em virtude da escolarização e da influência dos meios de comunicação social, a mentalidade e a linguagem modernas/pós-modernas tendem a espalhar-se cada vez mais pelos ambientes populares, especialmente entre a juventude.

Como já dissemos, respeitada e valorizada a cultura popular, o evangelizador é chamado a colaborar para que as pessoas percebam e assimilem a mensagem que cada relato evangélico contém. Para isso, é indispensável fazer a distinção entre dizer e afirmar. Sempre que nos defrontamos com um texto elaborado numa cultura diferente da nossa, precisamos perguntar: Que será que o autor quer transmitir como mensagem, como verdade a ser aceita, como experiência a ser comunicada, quando utiliza esta ou aquela expressão, isto é, um determinado instrumental linguístico? O afirmar é a verdade ou mensagem que o autor deseja apresentar à aceitação dos outros. O dizer compreende o instrumental utilizado como veículo para comunicar a mensagem. Exemplo: afirma-se, no relato da criação da mulher (cf. Gn 2,21-24), que esta é tão humana quanto o homem, que é possuidora da mesma dignidade e merecedora do mesmo respeito. Esta afirmação ou mensagem é comunicada mediante uma determinada expressão cultural, ou seja, com o auxílio do mito da mulher tirada da costela do homem.

Convém reiterar: o evangelizador, tanto dentro da cultura moderna/pós-moderna como no âmbito da cultura popular, está sempre a serviço da comunicação da mensagem viva do Evangelho. E deve colaborar para que a pessoa e a comunidade não fiquem prisioneiras da mera repetição literal do texto, orientando para a compreensão e assimilação da mensagem salvífico--libertadora que esse texto quer transmitir.

Orientação para leitura[2]

a) Para a história da questão sobre a relação entre o Jesus histórico e o Cristo da fé, cf.: FABRIS, R. Jesus de Nazaré. História e interpretação. São Paulo, Loyola, 1988. pp. 7-32; FORTE, B. Jesus de Nazaré; História de Deus, Deus da História. São Paulo, Paulinas, 1985.

---

[2] Para um aprofundamento em cada um dos temas abordados neste trabalho, indicamos, preferencialmente, obras em português. Quando não existe tradução portuguesa de uma obra importante, cuja leitura merece ser recomendada, utilizamos a versão espanhola, por ser de mais fácil acesso à maioria dos leitores brasileiros.

pp. 104-115; PALÁCIO, C. Jesus Cristo. História e interpretação. São Paulo, Loyola, 1979; BOFF, L. Jesus Cristo Libertador. 8. ed. Petrópolis, Vozes. 1980. pp. 13-61; GNILKA. J. Jesus de Nazaré. Mensagem e história. Petrópolis, Vozes, 2000. pp. 13-23.

b) Sobre os critérios de historicidade que permitem determinar qual é o material evangélico que apresenta maior base histórica, cf.: TERRA, J. E. M. O Jesus histórico e o Cristo querigmático. São Paulo, Loyola, 1977. pp. 136-146; FABRIS, op. cit., pp. 55-58; GNILKA, op. cit., pp. 23-34.

II. Morte-Ressurreição: ponto de partida da fé explícita em Jesus Cristo e da reflexão cristológica

Conforme atesta o Novo Testamento, a fé em Jesus Cristo, bem como a reflexão cristológica, não seriam possíveis sem a ressurreição. Antes da Páscoa, os discípulos tinham uma fé em Jesus ainda muito embrionária, bem pouco amadurecida. Uma fé explícita só se desenvolveu após a experiência pascal (que inclui Pentecostes). A partir desse momento, eles vão compreendendo o sentido das atitudes, das opções, do comportamento, da mensagem e da morte de Jesus de Nazaré. Na experiência da Páscoa, encontra-se o fundamento do que será uma fé explícita e amadurecida em Jesus Cristo.

A Páscoa é também o ponto de partida para a reflexão cristã sobre Jesus Cristo (cristologia). A percepção básica é fácil de ser resumida: O CRUCIFICADO É O RESSUSCITADO. Ficam assim iluminados o sentido e o significado da vida e da morte de Jesus.

Sempre à luz da experiência pascal, as comunidades cristãs do século I utilizaram categorias do judaísmo e do helenismo para expressar e comunicar a singularidade do messianismo de Jesus. Na prática, realizaram uma profunda releitura da expectativa messiânica do Antigo Testamento. A ressurreição manifesta concretamente a verdade do messianismo vivenciado por Jesus de Nazaré. Nada há, pois, de estranho no fato de que a reflexão cristológica, nos extratos mais antigos do Novo Testamento, esteja centrada na ressurreição-exaltação de Jesus (cf. At 2,32-36; 5,30-32; 13,28-31; Rm 1,4 etc.).

A existência terrena de Jesus de Nazaré, vivida na obscuridade e na fraqueza, passa a ter um sentido profundamente libertador, quando os cristãos a iluminam com a luz da experiência pascal. Em Jesus Cristo, morto e ressuscitado, percebem e confessam na fé dois modos de existir que caracterizam duas etapas distintas: a etapa da fraqueza, modo de existir "segundo a carne"; e a etapa da plenitude do Espírito, modo de existência "segundo o Espírito" (Rm 1,3-4; 1Tm 3,16; 1Pd 3,18 etc.).

Estas duas etapas ou modos distintos de existência explicam as duas orientações básicas da reflexão cristológica nas comunidades cristãs do século I. Alguns, como Paulo, mostram sobretudo o Cristo ressuscitado e glorificado. Outros, como os sinóticos, olham preferencialmente para o Jesus terrestre. Todavia, todos partem da fé na ressurreição daquele Jesus que foi morto na cruz. A morte-ressurreição une inseparavelmente as duas orientações cristológicas. Na fé do Novo Testamento não existe ruptura entre o Jesus terrestre e o Cristo glorificado. Nas duas orientações básicas do Novo Testamento, está sempre presente o mesmo sujeito, embora apresentado em duas distintas etapas de sua existência.

Orientação para leitura

Sobre a origem da fé e da reflexão cristã em relação a Jesus Cristo, cf.: SCHNACKENBURG, R. *Cristologia do Novo Testamento. Mysterium Salutis* III/2. Petrópolis, Vozes, 1973; FORTE, op. cit., pp. 87ss.

III. A necessária articulação entre o Jesus histórico e o Cristo da fé

1. O influxo negativo da mentalidade dualista: ruptura entre o Jesus servidor e o Cristo glorificado e ruptura entre o divino e o humano em Jesus Cristo

O Novo Testamento nunca separa o Jesus terreno, o Jesus da etapa de serviço, do Jesus glorificado. Trata-se sempre do mesmo Jesus Cristo, vivendo, isso sim, duas etapas diversas da sua existência. Entretanto, na história da Igreja têm-se desenvolvido orientações que acentuaram o valor da glorificação em detrimento da etapa de serviço, enquanto outras têm feito justamente o contrário. Isso foi consequência do influxo da visão dicotômica ou dualista do ser humano.

Como é sabido, essa visão estabelece uma relação de exclusão entre alma e corpo, de tal maneira que a acentuação do valor daquela implica a negação ou desvalorização deste. Ou, ao contrário, a valorização do corpo é feita em detrimento da alma. A mesma coisa acontece com a articulação entre outras dimensões do humano, tais como razão-afeto, individual-social etc. Essa visão repercute, e muito, no modo de se viver a existência cristã e também sobre toda a compreensão teológica.[3]

Na cristologia, obviamente, a valorização unilateral do Cristo glorificado tem levado a deixar muito em segundo plano a importância do caminho do serviço, que guiou Jesus até o desfecho da cruz; ou, ao contrário, a valorização unilateral do Jesus terreno tem levado a descuidar ou deixar de lado o glorificado.

Algo semelhante acontece com relação entre o divino e o humano, em Jesus Cristo. Certamente, a fé da Igreja confessa que Jesus Cristo é verdadeiramente Deus e verdadeiramente homem. Entretanto, a difusão da antropologia dualista tem feito valorizar o divino em detrimento do humano; e, outras vezes, valorizar o humano à custa do divino. As heresias cristológicas constituem uma triste confirmação dessa tendência ao empobrecimento da fé em Jesus Cristo.

2. Resumo da fé em Jesus Cristo, conforme o Novo Testamento

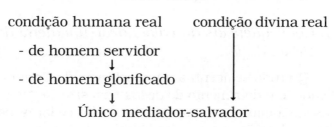

---

[3] Sobre esse tema, cf.: GARCIA RUBIO, A. Unidade na pluralidade. 3. ed. São Paulo, Paulus, 2001. cap. 2, pp. 95-114.

Para a fé cristã, só existe um Jesus Cristo. Nele encontramos um homem verdadeiro, nosso irmão (condição humana real) e, simultaneamente, encontramos Deus (condição divina real). Homem verdadeiro e Deus verdadeiro, confessa a Igreja.

Ora, a condição humana é vivida em duas etapas, uma caracterizada pelo serviço e a outra, pela glorificação. A etapa de serviço inicia-se no primeiro instante da vida de Jesus, na encarnação, e termina na morte de cruz. A etapa de glorificação começa com a ressurreição de Jesus e perdura por toda a eternidade.

E precisamente porque Jesus Cristo é dos nossos, da família humana, e, simultaneamente, é de Deus, realmente divino, pode ser a ponte entre Deus e os seres humanos, isto é, pode ser o Mediador.

3. Consequências da separação entre o Jesus histórico e o Cristo da fé

Por sua forte incidência na espiritualidade e no trabalho pastoral da Igreja, convém assinalar algumas das consequências negativas da ruptura entre a etapa de serviço e a etapa de glorificação vividas por Jesus Cristo. Vejamos, a seguir.

3.1. Consequências da valorização unilateral do Cristo da fé

Quando se acentua a importância do Cristo glorificado, em detrimento do Jesus terrestre, seguem-se consequências extremamente empobrecedoras para a evangelização, para a espiritualidade e para a vida cristã, em seu conjunto. É claro que a referência ao Cristo glorificado é fundamental na fé cristã; o problema só aparece quando o encontro com o Glorificado fica separado da relação com o Crucificado. Mostramos, a seguir, algumas consequências dessa separação:

a) As celebrações litúrgicas tendem a ficar desvinculadas do seguimento do caminho percorrido por Jesus, na etapa terrestre. Existe, em especial, o risco de a celebração da Eucaristia acontecer separadamente da partilha e do amor-serviço (cf. 1Cor 11,17ss).

b) A visão unilateral do Cristo glorificado leva facilmente à exaltação religiosa, deixando de lado o caminho do serviço e o anúncio do Crucificado. A orgulhosa sabedoria humana tende a substituir a sabedoria da cruz (cf. 1Cor 1,17—2,16).

c) A referência exclusiva ao Cristo glorificado faz com que sua figura fique afastada da vida cotidiana do cristão. Cristo é visto como algo sublime, abstrato e perdido na distância. Sem levar em consideração a vida concreta de Jesus de Nazaré, pode-se muito facilmente interpretar o Cristo de maneira ideológica, utilizando-o para justificar os mais variados interesses.

d) Invoca-se hoje, frequentemente, o Espírito de Cristo. Mas será que se trata do mesmo Espírito que impulsionou Jesus em sua vocação de Messias-servidor? Quando se esquece a missão de servidor, desenvolve-se com facilidade um espiritualismo desencarnado.

e) Da mesma maneira, é muito fácil utilizar o Cristo--Poder para justificar e sacralizar poderes deste mundo: políticos, econômicos e outros. O poder de Jesus é utilizado também para justificar o exercício dominador do poder na Igreja. Faltando a conexão com a vida, as opções e as atitudes de Jesus de Nazaré, fica aberta a porta para a deturpação do significado e da qualidade do poder que certamente ele possuía.

f) O Cristo glorificado — Amor e Reconciliação universais — pode ser invocado pelas pessoas ou pela instituição para evitar o compromisso diante das injustiças e dos conflitos atuais. Na referência exclusiva ao Cristo glorificado, é fácil esquecer que Jesus de Nazaré não se manteve neutro diante dos conflitos de seu tempo e de sua sociedade. Ele fez claras opções pelos marginalizados e enfrentou decididamente poderes opressores.

Esta enumeração poderia continuar, uma vez que demos apenas alguns exemplos. Outras consequências podem, pois, ser acrescentadas, segundo experiência pastoral de cada um.

3.2. Consequências da valorização unilateral do Jesus histórico

Vejamos agora o que acontece quando se valoriza somente o Jesus histórico, descuidando-se ou mesmo deixando-se de lado o Cristo ressuscitado, proclamado pela fé cristã. As consequências são igualmente graves:

a) Desenvolve-se uma tendência para reduzir Jesus a um simples revolucionário ou a um sábio. Há, assim, um empobrecimento radical da "novidade" de Jesus Cristo.

b) Jesus de Nazaré e sua proposta, bem como sua vida de servidor, acabam por configurar o único critério da fé cristã. Esquece-se de que o anúncio do Ressuscitado contém algo "novo" em relação ao Jesus terreno. Põe-se de lado a riqueza toda do valor salvífico da ressurreição de Jesus. Esta, conforme o testemunho unânime do Novo Testamento, constitui um acontecimento salvífico fundamental, com conteúdo próprio.

c) O encontro com o Jesus terreno, separado do Cristo ressuscitado, acaba sendo estéril. Paulo lembra, a esse respeito, que é no Espírito do Ressuscitado que Jesus se torna presença viva e que o Evangelho pode ser, de fato, a Boa-Nova libertadora (cf. 2Cor 3,4-18).

Também aqui outras consequências podem ser acrescentadas.

Concluindo, podemos afirmar que tanto a referência exclusiva ao Cristo glorificado como a tentativa de encontrar-se unilateralmente com o Jesus terreno deturpam, de maneira muito grave, a fé cristã, dando origem a manipulações dessa fé.

Em nossa tentativa de colaborar para que se realize um encontro vivo com Jesus Cristo, valorizamos tanto o Jesus terreno quanto o Cristo glorificado, tanto a condição humana quanto a condição divina de Jesus Cristo, conscientes de que se trata do mesmo e único sujeito. Na verdade, esta rica realidade da fé em Jesus Cristo foi progressivamente descoberta, sob a ação do Espírito, pelos discípulos e discípulas e pelas comunidades cristãs do século I.

Vamos tentar aqui refazer o caminho percorrido até essa descoberta, desde os primeiros encontros com Jesus de Nazaré até a confissão explícita na sua filiação divina e no seu senhorio universal.

Orientação para leitura

Sobre as consequências negativas da valorização unilateral do Cristo da fé ou do Jesus histórico, cf.: KASPER, W. Jesús, el Cristo. Salamanca, Sígueme, 1978. pp. 38-45; SOBRINO, J. *Cristologia a partir da América Latina*. Petrópolis, Vozes, 1983. pp. 283-319; Id. *Jesus, o Libertador. I- A História de Jesus de Nazaré*. 2.ed. Petrópolis, Vozes, 1996. pp. 25-41.

2

O ITINERÁRIO PERCORRIDO POR JESUS DE NAZARÉ

Certos de que não dispomos de dados suficientes para escrever uma biografia de Jesus de Nazaré, tentaremos, no entanto, reconstituir, em linhas gerais, o caminho por ele percorrido em sua vida de pregador peregrino. Para realizar essa reconstituição, vamo-nos apoiar naqueles dados evangélicos que, conforme vimos anteriormente, apresentam maior garantia de fundamentação histórica.

Procuraremos acompanhar Jesus com interesse vivo, na qualidade de discípulos e tentaremos refazer a descoberta progressiva de sua identidade profunda. O fato de já conhecermos o final da caminhada (morte-ressurreição) não elimina a experiência da "novidade" nesse encontro com o homem de Nazaré. Em nossa peregrinação pelos campos, aldeias e cidades da Palestina, teremos ocasião de perceber o que significa ser discípulo de Jesus, em sua etapa de serviço.

I. O que Jesus não foi

Qual é o referencial histórico que nos conduz no seguimento de Jesus durante o tempo em que ele viveu como pregador itinerante? Jesus vive e anuncia a chegada do Reino, sempre em íntima união com Deus, invocado como "Abba" (Paizinho). O anúncio da chegada do Reino de Deus vem acompanhado de sinais que demonstram já, agora, a atuação desse reinado. O anúncio e os sinais do Reino estão a serviço da libertação de cada ser humano, especialmente dos marginalizados de todo tipo.

Claro está que, seguindo esse referencial histórico básico, deixamos de lado as "aproximações" de Jesus que não respeitam os dados históricos. Tais aproximações, em geral, traduzem o desejo de "ajustar" Jesus à expectativa de biógrafos, romancistas, cineastas e outros.

Vamo-nos aproximar de Jesus com a mente e o coração receptivos, procurando acolhê-lo tal como ele se manifestou e aceitando sua proposta tal como foi apresentada e vivida por ele. Podemos imaginar e gostar de Jesus afastado do povo e do mundo. Entretanto, sabemos que ele viveu uma vida comum em Nazaré. E, como pregador, estava no meio do povo. Podemos também gostar de ver Jesus como um revolucionário político. Mas sabemos igualmente que ele não pregou a luta armada contra a dominação estrangeira (romanos). Jesus não pertenceu ao grupo dos *zelotes* nem pregou uma revolução sociopolítica, em sentido moderno. Sua preocupação sempre foi profundamente religiosa, embora tivesse, sem dúvida, fortes implicações políticas e sociais. Podemos ainda gostar de ver Jesus como um sábio professor de moral. Todavia, esta visão tampouco corresponde à realidade histórica. Jesus não foi um professor de moral e menos ainda um moralista, como muitos dos fariseus. Ao contrário, viveu e anunciou a liberdade em relação a todo legalismo e ritualismo. Jesus pôde igualmente ser apresentado como membro da elite dominante na Palestina do século I, mas isto também não apresenta base histórica, pois sabemos que ele era um *leigo*, pertencente ao mundo dos pobres. Jesus não foi um sacerdote, de acordo com a religião judaica, e muito menos um teólogo ou professor de teologia.

Em outras palavras, vamos tentar acompanhar Jesus realmente, abertos à sua novidade. Não estamos interessados, pois, em fazer dele uma projeção de nós mesmos ou de outras pessoas.

Orientação para leitura

O tema deste item encontra-se bem desenvolvido em: KÜNG, H. Ser cristão. Rio de Janeiro, Imago, 1976. pp. 151-182.

II. Jesus e João Batista

No tempo em que Jesus iniciou sua vida de pregador, era extraordinária a efervescência religiosa no interior do judaísmo palestinense. Várias correntes tiveram influência na mensagem e na vida de Jesus. Mas existe um vínculo especial e bastante estreito entre a tradição representada por João Batista e Jesus.

João, que pertencia ao movimento batista-judaico, tinha muita afinidade com os monges essênios (utilização religiosa de abluções, insistência no tema do arrependimento, acentuação da esperança escatológica, importância da permanência no deserto etc.). De fato, podemos afirmar que João vivia uma "espiritualidade do deserto". Sua forte expectativa do futuro estava unida a uma acentuada valorização do presente, entendido como tempo de conversão, como um novo êxodo rumo ao futuro.

1. Conteúdo da pregação de João

João é um homem de Deus, um homem carismático-profético que apresenta uma grande afinidade com o Dêutero-Isaías (cf. Is 40—55). Com a pregação de João, o acento profético ressoa forte nas margens do rio Jordão: Cuidado, povo de Israel, o Deus vivo não pode ser enganado com aparências e com tradições vazias! Para o Deus vivo só contam os frutos da conversão. Não basta a profissão de fé a respeito da eleição e da aliança, se estiver separada da prática correspondente. A expectativa do futuro escatológico é muito forte em João, mas vem indissoluvelmente unida ao compromisso ético-religioso.

A temática básica da pregação de João pode ser assim resumida:

a) Anúncio da proximidade do *julgamento*: Lc 3,7-9 e paralelos; Mt 3,7-10. Mas, note-se bem, esse julgamento é sobre o próprio Israel e não apenas sobre os pagãos, como se pensava nos círculos religiosos judaicos predominantes na época. A eleição, o templo etc. não constituem garantia automática de salvação. Inspirado no antigo profetismo, João utiliza expressões muito duras para o anúncio do julgamento: o machado posto à raiz das árvores, o fogo etc.

b) Apelo urgentíssimo à conversão: mudança radical de atitude em relação a Deus e, concomitantemente, aos outros seres humanos, ao meio ambiente e a si próprio (cf. Lc 3,10-14; Mt 3,8...).

c) Necessidade do batismo (realizado pelo próprio João ou por seus discípulos), entendido como sinal da misericórdia de Deus, que sempre perdoa (cf. Mc 1,4; Lc 3,3...) e, de forma inseparável, como compromisso de conversão.

d) Anúncio daquele que há de vir, do mediador escatológico da salvação, do Messias esperado (cf. Lc 3,16-17).

2. Diferenças entre João e Jesus

Qual é, então, a diferença entre a pregação de João e a mensagem de Jesus de Nazaré?

Em primeiro lugar, o batismo de João constitui um apelo e um compromisso de conversão, mas não realiza a salvação. A renovação do ser humano concretiza-se mediante o batismo no Espírito daquele que deve vir.

Em segundo, para João, Deus vem como juiz severo, enquanto, para Jesus, Deus vem com sua misericórdia. Com Jesus, o tempo é de graça e de misericórdia, não de julgamento.

Note-se também que Jesus vem ao rio Jordão para receber o batismo e não para batizar! E vem de forma *oculta*. O alcance desta ocultação ficará claro quando examinarmos, a seguir, o significado do batismo de Jesus.

Orientação para leitura

a) Para situar Jesus em seu ambiente histórico-cultural, cf.: FABRIS, R. Jesus de Nazaré. História e interpretação. São Paulo, Loyola, 1988. pp. 59-78; GOPPELT, L. Teologia do Novo Testamento. São Leopoldo/Petrópolis, Sinodal/Vozes, 1976. v. 1, pp. 63-69; JEREMIAS, J. Jerusalém no tempo de Jesus. São Paulo, Paulinas, s.d.; CHARLESWORTH, J. H. Jesus dentro do judaísmo. Rio de Janeiro, Imago, 1992; GNILKA, J. Jesus de Nazaré. Mensagem e história. Petrópolis, Vozes, 2000. pp. 35-70.

b) Sobre a relação entre João Batista e Jesus, cf.: FABRIS, op. cit., pp. 91-98; GOPPELT, op. cit., pp. 69-78; GNILKA, op. cit., pp. 74-81.

III. Significado do Batismo de Jesus

Jesus veio ao rio Jordão para ser batizado por João. Trata-se de um fato histórico bem fundamentado, de acordo com as conclusões da investigação histórico-exegética. Batizado por João, Jesus aceita o caminho apontado pelo Batista: trata-se de uma aceitação parcial, mas importante.

O evento do batismo de Jesus, interpretado pela Igreja primitiva, é apresentado sucintamente em Mc 1,9-11. Para compreender bem o significado desse texto, é necessário situá-lo no cenário dos relatos das vocações proféticas, que se encontram no Antigo Testamento. No caso de Jesus, trata-se da confirmação e da proclamação de sua vocação messiânica. Mas que messianismo seria esse? O texto responde a essa pergunta utilizando duas referências do Antigo Testamento: a voz que se teria ouvido no momento do batismo proclama o messianismo (alusão ao Sl 2,7, um salmo messiânico) desse Jesus que acaba de ser batizado, mas esclarece que se trata do messianismo de serviço (menção ao servo de Iahweh: Is 42,1).

O batismo constitui um momento forte na explicitação da consciência messiânica de Jesus. É também um sinal de sua vida de servidor que acabará por conduzi-lo à morte (cf. Lc 12,50). Como servidor, aliás, Jesus carrega os pecados do povo (cf. Is 53,1ss). Agora podemos compreender por que Jesus é batizado com o povo: como servo de Iahweh, ele é solidário com seus irmãos, com o povo pecador.

O texto indica também o tipo de espírito que guiará Jesus em sua vida e em sua missão: o espírito de paz e de reconciliação, representado muito bem pela imagem da pomba.

Por sua vez, a expressão "céus abertos", tomada do Antigo Testamento, significa que Iahweh *se comunica*. Concretamente, comunica-se e revela que esse Jesus, perdido na multidão, é o Esperado, o Messias, mas o Messias servidor. O texto convida-nos a prestar muita atenção ao que Jesus faz e diz. Não devemos deixar-nos enganar pelas aparências, ou por sua origem humilde (ele é de Nazaré, filho do carpinteiro...).

O relato do batismo — muito condensado — constitui um prelúdio, um resumo daquilo que será a atividade messiânica de Jesus.

Para reflexão pessoal e comunitária

Rever, à luz do significado do batismo de Jesus, a vocação de serviço da comunidade e de cada cristão, no Brasil atual.

Orientação para leitura

Sobre o significado do batismo de Jesus, cf.: FABRIS, op. cit., pp. 98-104; GOPPELT, op. cit., pp. 78-79; JEREMIAS, J. Teologia do Novo Testamento. 3. ed. São Paulo, Paulinas, 1984. pp. 82-91; SERENTHÀ, M. *Jesus Cristo ontem, hoje e sempre*. Ensaio de cristologia. São Paulo, Salesiana Dom Bosco. 1986, pp. 470-472; DUQUOC, Ch. Cristologia. Ensaio dogmático I. O homem Jesus. São Paulo, Loyola, 1977. pp. 40-47.

IV. Significado da tentação de Jesus

1. Jesus tentado

O texto de Mc 1,13 afirma que Jesus foi tentado durante sua permanência no deserto, mas não explica qual teria sido o conteúdo da tentação. Contudo, uma vez que esta é colocada em conexão com o significado do batismo, anteriormente exposto, é fácil deduzir que a tentação visará, precisamente, a afastar Jesus do caminho do serviço.

O texto ressalta, mediante duas belas imagens, que Jesus superou a tentação. Essas imagens foram tomadas do Antigo Testamento. A primeira apresenta Jesus entre as feras do campo: quer dizer que, embora tentado, ele não cai na tentação, continuando em paz. Trata-se de um belo símbolo escatológico-messiânico. Vencida a tentação (o demônio), vivencia-se o significado do paraíso: a harmonia com Deus que se reflete na harmonia entre o ser humano e os animais.

A segunda imagem — "os anjos o serviam" — tem o mesmo significado. Trata-se, conforme o Antigo Testamento, de uma expressão que alude à comunhão entre Deus e os homens. Aplicada a Jesus, no contexto da tentação, essa imagem significa que ele não cai na tentação; ao contrário, continua vivendo a comunhão com o Pai.

Jesus foi realmente tentado (cf. Hb 2,18), sendo chamado a aprofundar sua opção fundamental: a escolha do messianismo de serviço que rejeita o messianismo do poder dominador, seja qual for a modalidade da dominação.

2. Clarificação do conteúdo da tentação

Lc 4,1-13 e Mt 4,1-11 explicitam o conteúdo da tentação. O pano de fundo para entender-se essa explicitação continua sendo o Antigo Testamento, mais precisamente as tentações experimentadas no deserto pelo povo de Israel. Acossado pela fome e pela sede, o povo murmura e coloca Iahweh à prova. E acaba caindo na tentação da idolatria (cf. Ex 16; 17; 32,1-6; 23,24ss...).

Estes textos não se referem propriamente a três tentações, como em geral se diz, mas apresentam o desdobramento de uma única tentação fundamental: que Jesus deixe de lado o messianismo de serviço e assuma outro mais eficaz. Vejamos o conteúdo de cada uma das variantes da tentação, levando em conta a atual situação eclesial.

Primeira variante: "manda que estas pedras se transformem em pães" (Mt 4,3). Em resumo, isto seria utilizar Deus e a religião para fugir da dureza da condição humana, dos compromissos que a história e a vida trazem consigo. Tratar-se-ia, assim, de uma religião alienante: Que Deus resolva os problemas com um passe de mágica! Para Jesus, ao contrário, o que realmente importa, acima de tudo, é a abertura à palavra de Deus. E Jesus continua com fome e as pedras continuam sendo pedras. Jesus não faz "milagre" algum para resolver seu problema. Certamente, procurou outro caminho para saciar a fome...

Segunda variante: que Jesus se atire do pináculo do templo (cf. Mt 4,6): como Jesus é o Enviado, Deus não vai permitir que se machuque; e todos, vendo que ele é salvo por Deus, acreditarão imediatamente em sua mensagem. Jesus não precisará fatigar-se, percorrendo os caminhos da Palestina, como não precisará cansar sua garganta em reiteradas alocuções nas sinagogas e nas praças públicas: é a tentação do grandioso, das obras extraordinárias que deveriam servir para legitimar a missão de Jesus. O que se pretende é obrigar Deus a sancionar o caminho de Jesus. Só que a confiança deste no Pai não depende de "milagres". Aliás, não houve milagre algum para salvar Jesus na hora da perseguição, da tortura e da morte na cruz. Jesus continuou confiando no Pai, mesmo na angústia que experimentou no horto das Oliveiras e no abandono, no alto da cruz.

Terceira variante: "Tudo isto te darei se, prostrado, me adorares" (Mt 4,9). Novamente, a mesma tentação: que Jesus se afaste do messianismo de serviço, considerado ineficaz, e utilize o poder dominador para levar adiante sua missão. É a tentação de ver, no poder dominador, um instrumento mais eficaz de evangelização do que o poder vivido realmente como serviço. Podemos imaginar a tentação insinuando-se da seguinte maneira: "Jesus de Nazaré, cuidado para não fracassar! Você já conhece o destino dos profetas: incompreendidos, perseguidos e até assassinados. Cuidado, pois essa história de messianismo de serviço não tem futuro! É pura ilusão! O povo espera o Enviado de Iahweh rodeado de poder e de grandiosidade. Sem os poderes econômico e político e sem o poder concedido por um saber especializado, você não poderá ter êxito em sua missão. O povo pobre não está interessado em um Messias igualmente pobre, filho de um carpinteiro e, além do mais, de Nazaré! No início, poderá até ser bem recebido, dadas a novidade e a convicção com que você fala. Mas o povo logo lhe virará as costas, pois o que você tem a oferecer-lhe não é o que se espera".

Jesus, ao contrário, tem a clara consciência de que a eficácia do Deus do Reino não é o tipo de eficácia apresentado pela tentação. E assim, na fidelidade ao Deus-Ágape, que não se impõe pela força nem por qualquer tipo de dominação, ele confirma, com mais radicalidade, a vocação assumida no batismo: o messianismo de serviço. E rejeita a tentação de utilizar o poder dominador como algo proveniente do demônio.

Então Jesus não tinha poder algum? Tinha, sim. Acompanhando-o em seu peregrinar de pregador e observando suas atitudes e opções, podemos perceber as evidências de seu poder. Só que nunca se trata de um poder dominador.

A opção pelo messianismo de serviço foi, por vezes, reafirmada por Jesus. Lucas insinua que a tentação vai reaparecer (cf. Lc 4,13). Certamente, terá ficado muito mais dura nas horas amargas vividas no horto das Oliveiras. Parece que o tentador tinha razão: o amor-serviço tem pouca eficácia. Esta é, enfim, a tentação radical que acompanhou Jesus até a hora de sua morte: será que o serviço é, realmente, o verdadeiro caminho de libertação?

Para reflexão pessoal e comunitária

Como se apresentam às nossas comunidades eclesiais, no Brasil atual, estas três variantes da tentação?

Orientação para leitura

Sobre o significado da tentação de Jesus, cf.: JEREMIAS, Teologia do Novo Testamento, pp. 110-120; FORTE, op. cit., pp. 246-250; GONZÁLEZ FAUS, J. I. La humanidad nueva. Ensayo de cristología. 6. ed. Santander, Sal Terrae, 1984. pp. 169-178; DUQUOC, op. cit., pp. 47-64; SERENTHÀ, op. cit, pp. 472-475.

V. Jesus vive a vocação de servidor, anunciando o Reino de Deus

Vamos agora ver como Jesus viveu sua vocação de servidor, proclamada no batismo e assumida com toda a radicalidade na rejeição da tentação. Comecemos pela pregação de Jesus. Como viveu ele a vocação de servidor em seu trabalho de evangelização? Qual é o conteúdo de sua mensagem? Ouvindo Jesus desde o início de sua pregação, não resta dúvida: Jesus anuncia a chegada iminente do Reino de Deus.

1. Origem da expectativa do Reino de Deus

A expressão "Reino de Deus" era bastante utilizada no judaísmo. Este distinguia o reinado de Deus sobre Israel, no tempo presente, do reinado sobre todos os povos, no final dos tempos. No Antigo Testamento, está presente a expectativa do reinado de Iahweh, especialmente sobre Israel, embora não apareça em suas páginas a expressão "Reino de Deus".

Deus será o Rei verdadeiramente justo: só ele poderá realizar o ideal de um rei capaz de proteger os pobres e os marginalizados de todo tipo. Assim se resume a expectativa do reinado de Deus contida no Antigo Testamento.

Quando Jesus anuncia a chegada do Reino de Deus, encontra ouvintes receptivos. A pregação de Jesus sobre o Reino estava inserida numa longa tradição de expectativa desse reinado.

2. Reino de Deus: centro e resumo da mensagem e da atividade toda de Jesus

Para compreender o significado que Jesus atribuía à própria vida, às suas atividades, opções, ao seu comportamento e até à própria morte, é indispensável atentar para a relação viva existente entre Jesus e o Reino de Deus. De fato, o Reino constituía o centro de toda a vida de Jesus (cf. Mc 1,15; Mt 4,23; Lc 4,43; 8,1 etc.). E convém notar que Jesus não se limita a afirmar a existência do Reino de Deus. O que ele anuncia é a grande novidade da chegada desse Reino: ele vem já, agora!

3. Em que consiste o Reino de Deus?

Não sabemos se Jesus se preocupou em dar uma definição do que entendia por Reino de Deus. Provavelmente, não. O semita não é inclinado, como o grego, a definir a realidade. Para desvendar a compreensão que Jesus tinha do Reino de Deus, é necessário recorrer a várias aproximações. Por isso, possuem valor especial aquelas referências ao Reino de Deus que, com muita probabilidade, são do próprio Jesus. É o caso das bem-aventuranças e do pai-nosso.[1]

Da leitura atenta das bem-aventuranças (cf. Lc 6,20-23 e Mt 5,3-12), depreende-se o que o Reino traz: os famintos são saciados, os que choram são consolados etc. Quer dizer: o sofrimento é afastado. O Reino de Deus implica um mundo novo em que o mal e o sofrimento são vencidos; um mundo novo onde prevaleçam a justiça, a fraternidade e a paz. A imagem do paraíso talvez seja a mais indicada para ilustrar o que seria a novidade do

---

[1] Sobre esse tema, cf., especialmente, GOPPELT, Teologia do Novo Testamento, vol. 1, cit., pp. 101-104.

Reino de Deus. A harmonia com Deus propicia relações dialógicas entre os seres humanos, um relacionamento responsável entre estes e o meio ambiente, bem como uma relação de cada ser humano consigo próprio, vivida na verdade e na sinceridade.

Na oração do pai-nosso (cf. Mt 6,9-15 e Lc 11,2-4), Jesus ensina a orar pedindo a vinda do Reino de Deus. Aliás, os três primeiros pedidos feitos nessa oração tratam diretamente do reinado de Deus. Para Jesus — conforme se percebe na oração por ele ensinada — o que importa, acima de tudo, é que Deus seja aceito de verdade, como Deus, na vida do discípulo. Sempre que Deus é aceito como Deus surge o seu reinado. O discípulo é convidado a viver uma nova relação com Deus. Todo o resto — o pão, o perdão etc. — é pedido em união com o Reino. Portanto, para Jesus, o elemento prioritário é sempre o Reino de Deus: Mt 6,33. E este elemento resume-se em aceitar Deus como Deus, na própria vida. Mas o que comporta esta aceitação? Em que consiste a nova relação com Deus proposta por Jesus? Estas perguntas levam-nos a examinar a característica fundamental do Reino de Deus.

4. O Reino: dom gratuito de Deus

Tanto nas bem-aventuranças quanto no pai-nosso está bem claro que o Reino de Deus é um dom do amor do próprio Deus. É um dom totalmente gratuito. O Reino vem, assim, pela ação e pela iniciativa de Deus. Constitui um dom tão valioso que não existe esforço humano capaz de conquistá-lo ou de comprá-lo: só pode ser recebido como dom. Ao ser humano cabe abrir-se a esse dom estupendo, acolhendo-o com alegria e gratidão. O Reino é, pois, obra de Deus e só este pode oferecê-lo ao ser humano (cf. Lc 12,32; 22,29-30; Mt 25,34; Mc 4,26-29...).

Em relação ao dom do Reino de Deus, a atitude fundamental do ser humano resume-se na abertura, na receptividade, no acolhimento. Como ponto de partida para receber o dom do Reino, é indispensável que o ser humano reconheça a própria incapacidade de autossalvar-se. É preciso ainda experimentar a necessidade da libertação como dom gratuito de Deus. Por isso, o homem ou a mulher, fechados numa autojustificação orgulhosa, são incapazes de experimentar o dom do Reino. Na realidade, o Reino de Deus é a resposta gratuita e admirável — para além de qualquer expectativa —, dada por Deus à nossa situação de alienação e ao nosso desejo de uma verdadeira libertação.

5. A gratuidade do Reino de Deus evidencia-se em seus destinatários

O caráter de gratuidade, próprio do Reino de Deus, é tão importante e tão fundamental que convém abordá-lo também a partir de seus destinatários. Estes, segundo o próprio Jesus, são: os pobres, as crianças, os pequenos e os pecadores. Vejamos, então, como é ressaltado, em cada um desses beneficiários, o caráter gratuito do dom do Reino.

a) *Os pobres*: Lc 6,20; 4,18; Mt 11,4-5 etc.

Primeiramente, importa sublinhar que, em Lucas, os pobres não são vistos de maneira romântica, como acontece hoje em certos discursos de pessoas cristãs. A condição de pobre não era considerada um valor. Lucas mostra a situação objetiva de marginalização e de injustiça em que o pobre se encontrava.

Ora, essa situação clamava pela intervenção do Deus do Reino, o Deus realmente justo, o defensor dos marginalizados e desprezados. E, de fato, esse Deus toma o partido deles. Por meio de Jesus, convida-os, com total gratuidade, a participar do Reino de Deus.

Em segundo lugar, deve ficar bem claro que o convite para fazer parte do Reino não é motivado por uma maior bondade do pobre em comparação ao rico. Convém reafirmar: trata-se da situação objetiva em que o pobre se encontra. O convite do Deus do Reino, mediante Jesus, pode ser traduzido da seguinte maneira: Vocês, desprezados, marginalizados, injustiçados..., estão convidados a entrar no Reino de Deus! E não esqueçamos que o convite gratuito feito aos pobres vem seguido em Lc 6,24 de uma dura advertência aos ricos: Se vocês continuarem marginalizando e injustiçando os outros, não participarão do Reino! Obviamente, se existem pobres, injustiçados e desprezados é porque alguém os empobreceu, cometeu injustiças contra eles e os desprezou. E não adianta dizer que são as estruturas econômicas, sociais, políticas e outras que marginalizam, pois essas estruturas que violentam os seres humanos são ou foram criadas pela ganância, pela injustiça e pela vontade de poder dos homens.

Em outras palavras, o pobre é convidado a participar do Reino não porque seja melhor, mais hospitaleiro ou mais solidário do que o rico. O pobre pode ser tudo isso, mas Lucas não está falando no merecimento nem nas qualidades do pobre. É a situação miserável e injusta em que a pessoa do pobre se encontra que faz com que o Deus do Reino intervenha em seu favor.[2]

---

[2] Sobre o significado da bem-aventurança do pobre, cf. infra, VI.2.e).

Frequentemente, temos feito a seguinte pergunta em cursos, palestras ou círculos bíblicos: Qual é o motivo que levou Jesus a afirmar que o Reino de Deus é dos pobres? A resposta, invariavelmente, tem sido a seguinte: o pobre é mais aberto, mais solidário etc. do que o rico! Procuramos assim, imediatamente, encontrar no pobre a causa da predileção divina, tão longe estamos de perceber a gratuidade do convite. Parece que temos grande dificuldade em aceitar essa gratuidade da eleição divina e em reconhecer que o que está em jogo não são as qualidades do pobre, mas a situação injusta e a intervenção graciosa do Deus do Reino. Sob a ótica em que se coloca Lucas, não é tão difícil deduzir que o pobre é convidado, não por causa de suas qualidades ou merecimentos, mas pela escolha gratuita de Deus, o rei justo que favorece aqueles que não têm defesa.

b) *As crianças e os pequenos*: Mc 10,13-16; Mt 11,25-26.

Também em relação às crianças, como destinatárias do Reino de Deus, existe grande confusão. Pergunta-se então: Por que Jesus afirma que o Reino de Deus é das crianças e daqueles que se assemelham a elas? Frequentemente, ouve-se esta resposta: Porque as crianças são puras, ingênuas, confiantes e assim por diante. Isto significa que também nas crianças se procura alguma qualidade que as torne merecedoras do Reino. Que dificuldade experimentamos para aceitar o dom de Deus! É precisamente isto que Jesus quer ressaltar quando afirma que é das crianças o Reino de Deus. Esquecemos — ou ignoramos — que, no tempo de Jesus, as crianças eram marginalizadas e desvalorizadas. Só o homem adulto era importante social e religiosamente. Partindo desta constatação, Jesus nos diz: Em relação ao Reino de Deus, procurem ser como as crianças, que recebem algo do adulto sem pensar que se trata de uma obrigação, de uma exigência ou de algum merecimento. Não sejam como adultos que pensam que têm direitos em sua relação com Deus, que este fica obrigado a pagar-lhes o salário que merecem pelo seu bom comportamento! Não sejam como aqueles que estabelecem uma relação comercial com Deus!

Tornar-se criança não significa adotar alguma qualidade supostamente própria da criança: a ingenuidade, a pureza, a confiança etc. E ainda seria preciso levar em consideração que a realidade dessas qualidades na criança constitui um dado antropológico muito discutível. Com efeito, esquecemos facilmente que a tendência para a dominação, para aproveitar-se dos outros etc. também está presente na criancinha. A concupiscência, na linguagem tradicional da Igreja, atua em todo ser humano, mesmo na criança, antes do uso da razão. O que Jesus nos comunica é algo muito diferente: aceitem o Reino de Deus como um dom, como um presente, como uma realidade estupenda que vai muito além de qualquer merecimento humano, como uma realidade assombrosa que só o amor de Deus pode oferecer! Ai de nós, se Jesus exigisse, para participarmos do Reino de Deus, essa pureza e essa ingenuidade atribuídas à criança. Certamente, nenhum de nós poderia participar do Reino!

E quem são os pequenos? São homens e mulheres do povo: camponeses e camponesas, pescadores etc. São pessoas que não têm títulos honoríficos para apresentar a Deus, nem posição social, nem estudos especiais, nem poder de qualquer outro tipo. Os letrados orgulhosos e os poderosos em geral, que usam de seu poder para dominar e desprezar os outros, não estão em condições de captar a maravilhosa e libertadora realidade do Reino. Este é oferecido àqueles que o recebem simplesmente como um dom, àqueles que não exigem pagamento por suas supostas virtudes ou títulos de merecimento.

c) *Os pecadores*: Mt 21,31; Mt 9,12-13...

A inclusão dos pecadores entre os beneficiários do Reino suscita forte perplexidade na mentalidade moralizante de não poucos cristãos. Por isso, é necessário explicar bem em que sentido o Reino de Deus se destina aos pecadores.

Lembram os exegetas do Novo Testamento que o termo *pecador* designava, no tempo de Jesus, não só as pessoas de má conduta (prostitutas, assaltantes...), mas também aquelas que exerciam profissões desprezíveis, consideradas "impuras" do ponto de vista da lei judaica (cobradores de impostos, açougueiros, pastores etc.).

Além disso, para compreender o alcance das atitudes e das palavras de Jesus a respeito dos pecadores, é indispensável ter diante dos olhos o fato de que alguns judeus da seita dos fariseus se consideravam "puros", justos, desprezando, por isso, os outros (cf. Lc 18,9-14). Em consequência, julgavam-se merecedores, por direito próprio, de ingressar no Reino de Deus e de possuí-lo.

Naturalmente, aqueles que eram tidos como pecadores passavam a ser desprezados e marginalizados. E não podiam confiar nas próprias "obras", como os "justos", precisamente porque não as tinham. Uma vez que não cumpriam todas as prescrições da lei, só lhes restava a acolhida da misericórdia de Deus, o único que poderia abrir-lhes um horizonte de salvação. Foi o que experimentou o pecador público, o publicano (cobrador de impostos), conforme a parábola anteriormente citada (cf. Lc 18,9-14).

Conhecendo este contexto cultural e religioso, podemos compreender melhor por que o perdão dos pecados é apresentado nos Evangelhos como uma atuação gratuita do Reino de Deus (cf. Lc 7,41-43; Mt 18,23-25; Lc 15,11-32 etc.). Evidentemente, o perdão, tão generosamente recebido do Deus do Reino, implica o compromisso de perdoar o irmão, conforme aparece em Mt 18,23-35.

Claro está que o fariseu, que se considera "justo", é também um pecador. Engana-se redondamente quando não percebe o pecado em sua própria vida (cf. 1Jo 1,8-10). Enquanto permanecer nessa mentira, o fariseu não poderá ser perdoado, uma vez que não se abre à misericórdia de Deus. Enredado no engano, ele pensa e afirma que não tem necessidade de misericórdia, mas de um pagamento exigido pelo fiel cumprimento das normas da lei. O fariseu não quer misericórdia, mas sim o salário devido à própria justiça. Rejeita o dom de Deus. Considera-se com "boa saúde" e, assim, não tem necessidade de "médico". É verdade que Jesus, o médico, veio para qualquer ser humano, pois todos são doentes. Todavia, quem vive a atitude farisaica não se considera doente (pecador), rejeitando, em consequência, o médico. Neste contexto, podemos agora compreender melhor, no seu profundo alcance, as palavras de Jesus ao afirmar que veio para curar os doentes e não para os "sadios" (aqueles que se consideram justos e desprezam Jesus porque este procura os pecadores): Mt 9,9-13. Para Jesus, está claro que ninguém é sadio ou justo. Por isso, o primeiro passo para poder receber o dom do Reino é reconhecer sinceramente essa realidade, aplicando-a à própria vida.

Jesus é o salvador — atuação gratuita do Reino de Deus — de todo pecador que reconhece seu próprio pecado e aceita o dom da misericórdia do Pai.

E as atitudes de Jesus confirmam o significado de suas palavras: ele come com os pecadores públicos (para os judeus, sentar-se à mesa com alguém significa entrar em comunhão de vida com essa pessoa), hospeda-se na casa de alguns deles e até convida um (Mateus) para ser seu discípulo (cf. Mt 9,9 e paralelos; Lc 15,1-2; 19,5-7). Este comportamento de Jesus, em conexão com a reconciliação e o perdão, gratuitamente oferecidos, constitui um sinal dos mais importantes da atuação do Reino de Deus no coração da história humana.

6. O risco mortal da atitude farisaica

A respeito da atitude farisaica, é necessário precisar bem que nem todos os fariseus compartilhavam dela. Era uma atitude própria apenas de uma facção dentro do farisaísmo. É contra a tendência dessa facção que polemizem os Evangelhos. Ora, a atitude farisaica constitui uma tentação constante para a vida eclesial. Seria como uma espécie de planta parasitária que acompanha a árvore frondosa da vida cristã, podendo, se a pessoa ou a comunidade se descuidar, sugar-lhe a vitalidade. Daqui se deduz a importância para o cristão atual e para a comunidade eclesial de perceber claramente em que consiste o grave perigo da atitude farisaica.

De maneira bem resumida, podemos afirmar que essa atitude consiste na autoafirmação orgulhosa do homem ou da mulher que procuram *segurança* e *autojustificação* nas boas obras que realizam ao cumprirem a lei. Em consequência, fazem das próprias obras um pretexto para não se abrirem à interpelação e ao dom de Deus. Fundamentada em suas próprias realizações, a pessoa levada pela atitude farisaica sente-se segura em relação a Deus. A "lista" de suas boas obras oferece essa segurança. Deus não iria interpelar alguém que já apresenta um rol tão longo de realizações. A pessoa pode, assim, ficar acomodada em sua programação, em sua função ou posição na comunidade eclesial... As boas obras acabam sendo utilizadas para fugir ao encontro pessoal com o Deus da vida, com o Deus imprevisível que irrompe na vida das pessoas e das comunidades de maneira frequentemente desconcertante. Ora, este caráter imprevisível e desconcertante da relação com o Deus vivo é, precisamente, o que o fariseu quer eliminar. É necessário, para ele, defender-se desse Deus que vem e abre um futuro novo. Aquele que é dominado pela atitude farisaica quer permanecer em sua vida acomodada e bem programada. Nada de aberturas ao novo e ao imprevisível. O fariseu pode oferecer a Deus muitas coisas e muitos trabalhos (obras), mas não é capaz de oferecer-se a si mesmo, numa abertura real à vontade de Deus. Não abre mão de sua pseudo-segurança.

A atitude farisaica, no sentido que acabamos de explicar, impede radicalmente a vivência do dom do Reino de Deus. Autojustificado, por causa de sua "lista" de boas obras, o fariseu sente-se "poderoso" e seguro. Está a salvo da interpelação do Deus imprevisível. E pode até exigir dele o pagamento devido ao seu bom comportamento.

Acrescentemos ainda que a pessoa dominada pela atitude farisaica se sente também "poderosa" e segura em relação à interpelação dos outros seres humanos. Para essa pessoa, os outros são considerados ralé, uma vez que não têm a lista de boas obras para apresentar. Daí o desprezo com que o fariseu olha e trata os "pecadores". Assim, a procura de segurança do fariseu manifesta-se também no desprezo e na dominação que impõe aos "impuros" e "pecadores". O fechamento à interpelação de Deus está inseparavelmente unido ao fechamento em relação à interpelação dos outros seres humanos.

7. Conversão e fé: resultado da ação do dom do Reino e resposta do ser humano

O Reino é dom, mas é um dom pessoal, que suscita uma resposta do ser humano. A atuação do amor de Deus convida e capacita à aceitação da Boa-Nova, que é o Reino de Deus, e à vivência da conversão, entendida como arrependimento do mal realizado e como reorientação da vida em conformidade com a vontade de Deus. Assim, a resposta que o dom do Reino suscita consiste, com a conversão, na abertura e na entrega da pessoa, vividas na fé e na confiança: fé e confiança no Deus da vida, mesmo quando o futuro parece fechado; fé e confiança nas situações atuais que, mesmo quando muito negativas, não são a última possibilidade desse Deus, pois nele existe sempre um futuro aberto. Esta fé-confiança é indispensável para todo aquele que aceita o dom do Reino de Deus.

Colocar a fé-confiança no Deus do Reino (ao contrário da atitude farisaica, que procura a segurança nas próprias obras) faz parte do processo de conversão e deve ser acompanhada do seguimento de Jesus, como seu discípulo. Em que consiste ser discípulo de Jesus? A resposta é simples. O discípulo é chamado a fazer a mesma coisa que o Mestre: anunciar o Deus do Reino e curar os doentes (a cura é um sinal da atuação do

Reino de Deus que vence o mal, representado pela doença) (cf. Lc 9,1-2). Depois da crise da Galileia,[3] quando Jesus toma consciência de que a proposta do Reino de Deus não está sendo bem compreendida nem aceita pela maioria do povo, surge uma nova característica para o discípulo: ele deve estar disposto também a carregar a própria cruz, quer dizer, a ser perseguido pela fidelidade à pregação e à realização dos sinais da atuação do Reino de Deus (cf. Mc 8,34).

Em resumo, a resposta ao dom de Deus é vivida na conversão, na fé que acolhe a Boa-Nova do Reino e no seguimento, como discípulo, do caminho percorrido pelo próprio Jesus.

8. O Reino rejeitado e o juízo

A mensagem de Jesus sobre o Reino de Deus é, certamente, mensagem de salvação. Contudo, existe a possibilidade bem real de o ser humano ficar fechado na sua autossuficiência farisaica, rejeitando, assim, a proposta salvífica do amor de Deus. Rejeitar a salvação resulta na ruína do ser humano (cf. Mt 7,24-27). A decisão para acolher o dom de Deus deve ser tomada já, agora, pois o juízo chegará de maneira inesperada (cf. Mt 24,40-44); é necessário decidir-se agora, enquanto ainda estamos no caminho (cf. Lc 12,57-59). E sabemos muito bem qual será o critério usado no juízo: a misericórdia vivida em relação aos menores dos irmãos. Surpreendentemente, o Filho do Homem, o juiz, aparece identificado com eles (cf. Mt 25,31-46). O que esses e outros textos sobre o juízo querem enfatizar é a necessidade da vigilância e da abertura, no momento atual, para acolher o Reino de Deus. Não temos um tempo

---

[3] Sobre a crise da Galileia, cf. infra, VI.6.a).

indefinido. A hora da conversão é agora. A oferta da salvação é uma realidade estupenda, sem dúvida, mas uma realidade muito séria, diante da qual urge tomar uma decisão imediatamente. E não esqueçamos que, em definitivo, é a própria pessoa quem se julga, à medida que se fecha à proposta de Jesus Cristo (cf. Jo 3,16-21).

9. O Reino é futuro e, simultaneamente, presente

Jesus apresenta o Reino frequentemente no futuro, no final dos tempos: cf., por exemplo, Mc 9,1; Lc 13,28 etc. Mas, por outro lado, Jesus proclama a grande novidade de que o Reino irrompe e atua já, agora, hoje, nesta nossa história! Cf. Mt 12,28 e paralelos; Lc 4,18-21; Mt 21,31; Lc 17,20-21... Este último texto é particularmente claro. O Reino já "está no meio de vós" (e não "dentro de vós", conforme uma tradução de tendência espiritualizante).[4]

É preciso, no entanto, acrescentar que existe uma íntima relação entre a atuação do Reino de Deus hoje, no presente, e o Reino na plenitude futura. Esta vinculação está na origem da conhecida tensão entre o "já" (atuação do Reino na ambiguidade de nossa história) e o "ainda não" (o Reino na plenitude futura), tensão essa que faz parte, de maneira básica, da existência histórica cristã.

10. Como atua hoje o Reino de Deus

Como será a plenitude futura do Reino, mal podemos imaginar, uma vez que a promessa de Deus vai além de nossas expectativas e de nossos sonhos mais

---
[4] Cf. GOPPELT, op. cit., p. 97.

audaciosos. Sabemos, contudo, que a participação nessa plenitude está intimamente relacionada à vivência atual do Reino de Deus, na limitação e na ambiguidade de nossa vida e de nossa história. Assim, pois, é de fundamental importância para nós tomar consciência de como atua hoje o Reino de Deus. É neste mundo e nesta história que somos chamados a responder à interpelação do Reino de Deus.

O próprio Jesus mostra-nos como se realiza a atuação do Reino de Deus. A explicação é dada de maneira simples, profunda e cheia de simbolismos, por meio das conhecidas parábolas do Reino (cf. Mt 13 e paralelos).

a) *Mt 13,4-8* e *18-23*: parábola do semeador.

A explicação dada por Jesus a respeito dos diferentes tipos de terreno que recebem a semente do Reino é bastante conhecida. O que nem sempre fica evidente na leitura dessa parábola é uma outra indicação prática que ela também contém: semeando hoje em terra apropriada, haverá colheita. A palavra-atividade de Jesus é a semente do Reino. Agora é tempo de semear, não chegou ainda o tempo da colheita. Somos convidados a colaborar com Jesus no trabalho de lançar a semente do Reino. A advertência dele ressoa claramente: cuidado para não confundir o tempo de semear com o tempo de colher! Muita frustração pastoral seria evitada se prestássemos mais atenção a essa observação de Jesus.

b) *Mt 13,24-30 e 36-43* (parábola do joio); *Mt 13,47-50* (parábola da rede): o Reino já está chegando, na medida em que a boa semente é semeada e a rede, lançada.

Olhemos mais de perto a parábola do joio, pois ela contém, de maneira explícita, uma importantíssima mensagem. Na ambiguidade da história, a semente boa coexiste com o joio. A separação só será realizada no final, no tempo da colheita. Não nos parece forçado, pois, aplicar esta parábola à realidade vivida hoje por nós. É necessário, antes de tudo, saber assumir a verdade de nossa ambiguidade radical: boa semente e joio, luz e sombra, o "velho" e o "novo" coexistem hoje, no tempo atual. Isso também se pode afirmar a respeito das comunidades eclesiais, da Igreja como um todo e da história humana em geral. Não existe comunidade perfeita nem pessoas perfeitas. E não se pode dizer que os santos vivenciaram com perfeição o amor a Deus e ao próximo. Precisamente eles, mais do que ninguém, tinham consciência de sua imperfeição, da presença do "velho" em sua própria vida.

A constatação de nossa ambiguidade radical não deve ser compreendida como um convite à passividade ou à resignação. Ao contrário, constitui uma interpelação para que apostemos no novo, no amor e na justiça, na boa semente, mas tendo sempre presente a realidade do joio, do velho, da tendência ao fechamento no próprio eu. O desafio dirigido a cada um de nós consiste em apostar no novo, colocando a energia a serviço do crescimento da sementinha do Reino, mas cuidando, simultaneamente, para que o joio, o velho, atrapalhe o mínimo possível.

É fácil concluir que, na vida cristã, é necessária uma sábia economia energética. Quanta falta de realismo em tantos projetos de vida cristã, especialmente de vida religiosa! E, em consequência, quanta frustração! É falso o dilema que leva a escolher entre oito ou oitenta, entre tudo ou nada. A realidade da vida humana e da existência cristã apresenta-se bem mais matizada. Podemos afirmar que é próprio da pessoa amadurecida saber assumir a ambiguidade da própria existência e da existência dos outros.

c) *Mt 13,31-33*: parábolas do grão de mostarda e do fermento.

Nestas duas parábolas, Jesus oferece-nos novas indicações sobre a atuação do Reino de Deus. Discrição, ocultação e até mesmo o fracasso acompanham a chegada e a atuação do Reino de Deus no tempo atual. Tudo isto aparece bem claramente na vida do próprio Jesus de Nazaré. As pessoas atingidas pelo seu amor, pela sua dedicação e pelas curas constituíam uma pequena minoria entre a ingente multidão de sofredores que havia no Império Romano. Em termos quantitativos, a atividade de Jesus não nos parece muito significativa. É até bem insignificante. Mas foi por meio dessa atividade que ocorreu a atuação do Reino de Deus, que o "qualitativamente" novo foi se desenvolvendo.

A ocultação, a discrição e frequentemente o sofrimento fazem parte do trabalho evangelizador desenvolvido pelas comunidades eclesiais e pelos cristão. E quanta frustração ocorre, justamente porque esta realidade do Reino, no mundo atual, não é suficientemente assumida. O triunfalismo, a fome do extraordinário, a vontade de poder que leva à dominação dos outros... são tentações constantes para o cristão e para as comunidades eclesiais.

d) *Mt 13,44-46*: parábolas do tesouro e da pérola.

Que o Pai faça brilhar o valor do Reino, pois, para optar por ele, é preciso perceber algo do seu brilho, da sua importância.

A meditação-reflexão sobre o Reino de Deus só tem sentido fecundo num clima de oração ao Pai: que ele faça com que sejamos capazes de perceber o valor do seu Reino. Com o pedido insistente ao Pai deve ser colocado também o seguimento de Jesus, pois o significado libertador do Reino só pode ser compreendido dele participando. Na aceitação do convite de Jesus, seguindo o seu caminho, o discípulo passa a descobrir, existencialmente, o incomparável valor do Reino. Oração e seguimento de Jesus, unidos, levam a perceber de maneira cada vez mais clara a significação e o valor do Reino de Deus.

Para reflexão pessoal e comunitária

1. Como ocorre hoje, nas comunidades eclesiais, a atitude farisaica?

2. Que sinais prioritários do Reino de Deus somos chamados a vivenciar nas diversas situações brasileiras atuais?

3. Qual a interpelação das parábolas do Reino em nosso trabalho evangelizador?

Orientação para leitura

Sobre o tema do Reino de Deus, anunciado por Jesus, a bibliografia é muito extensa. Eis alguns dos mais importantes textos: JEREMIAS, op. cit., pp. 150-189; GOPPELT, op. cit., pp. 86-107; FABRIS, op. cit., pp. 104-118; SOBRINO, op. cit., pp. 61-88; DUQUOC, op. cit., pp. 64-77; SERENTHÀ, op. cit., pp. 476-479; KASPER, W. Jesús, el Cristo. 2. ed. Salamanca, Sígueme, 1978. pp. 86-107; GNILKA, op. cit., pp. 83-111 e 132-153.

VI. Jesus vive a vocação de servidor em suas atitudes

Jesus é um servidor: anuncia o Reino de Deus, instaura novas relações com ele e desmascara as deturpações idolátricas. Mas, conforme vimos anteriormente, Jesus não se contenta em anunciar a chegada do Reino de Deus. Seu anúncio vem acompanhado da realização de sinais de sua atuação (a cura de doentes, o perdão e a reconciliação, a opção pelos pobres e marginalizados, a denúncia da mentira farisaica etc.). Vamos, agora, dedicar-nos mais diretamente ao comportamento e às atitudes de Jesus. Ficará assim mais clara a maneira pela qual Jesus viveu sua vocação de servidor. Aliás, as atitudes de Jesus também constituem sinais da atuação do Reino de Deus. A enumeração que faremos a seguir não é completa. Escolhemos algumas das atitudes, entre as mais fundamentais, para interpretar o messianismo de serviço vivido por Jesus, as quais, simultaneamente, se revelam mais capazes de iluminar a caminhada das comunidades eclesiais atuais.

1. Comportamento de Jesus em relação à "Halaká" e à "Torá"

A "Halaká" (comportamento) era o conjunto de interpretações da "Torá", feitas pelos "rabis" (mestres), bem como as normas do direito consuetudinário (relativo aos costumes de uma sociedade). Nas interpretações da Torá prevalecia a casuística (estudo de casos).

A Torá é a lei escrita mosaica. Compreende não só o Pentateuco, mas também os outros escritos do Antigo Testamento que compõem a Bíblia hebraica.

Pois bem, qual foi o comportamento de Jesus em relação à Halaká e à Torá?

a) *Liberdade de Jesus em relação à Halaká e à Torá*

Jesus rejeita a Halaká, na medida em que esta deturpa a vontade de Deus, substituindo-a por normas humanas: Mc 7,2-13; Mt 12,1-8; Mc 7,14-23...

Com certeza, Jesus respeitava e vivia o sentido profundo da Torá, expressão da vontade de Deus. Mas vivia-a com liberdade: Mt 12,9-14; Lc 13,10-17; Jo 5,9... A lei para Jesus — é fácil deduzir pelos textos evangélicos citados — deve estar a serviço do ser humano e não ao contrário. É o que afirma diretamente o texto de Mc 2,27-28. "O sábado foi feito para o homem" e deve estar a serviço dele, de sua libertação, e não de sua escravidão. Jesus vive o descanso sabático em sua significação profunda, libertadora, enquanto a casuística aplicada ao sábado é mais uma corrente que escraviza o ser humano. É Jesus, e não seus detratores, quem vive o sentido genuíno do sábado.

Jesus assume e supera a Torá, levando-a à sua plenitude, sempre em função da novidade da chegada do Reino (cf. Mt 5,17ss).

b) *Jesus e a prioridade concedida ao "novo modo de ser"*

À luz desse comportamento tão livre de Jesus em face da lei, como entender as afirmações do Sermão da Montanha, nas quais parece que novas leis são impostas aos discípulos de Jesus? De fato, tem sido frequente a interpretação que vê esse sermão como a nova lei que deve nortear a vida do cristão. Esta perspectiva, no entanto, conforme a exegese atual, deve ser considerada com muita cautela. O Sermão da Montanha, afirmam os exegetas, não tem caráter moralizante. Para chegar a esta conclusão, basta comparar Mt 5,39 com Jo 18,22-23: quando esbofeteado, Jesus não apresenta a outra face, mas interpela diretamente o soldado, chamando sua atenção para a injustiça do ato cometido. Jesus vivencia, assim, o sentido do Sermão da Montanha, pois procura pagar o mal com o bem, interpelando a consciência do soldado.

Os paradoxos do Sermão da Montanha não constituem novas leis. Com eles, Jesus mostra um novo modo de ser, adentrado pela experiência da gratuidade com que somos amados pelo Deus do Reino. Esta experiência torna possível pagar o mal com o bem, amar o próximo com um pouco de gratuidade, superando as relações comercializadas e até mesmo as orientadas pela mera reciprocidade. Só vivificados pela experiência de que somos amados com total gratuidade pelo Pai é que podemos perceber o significado profundo do amor aos inimigos: Mt 5,38-48. Se Deus me ama e me perdoa com tanta generosidade e gratuidade, não serei eu interpelado para tratar o irmão devedor ao menos com um pouco dessa generosidade e gratuidade? Vale a pena, neste contexto, meditar sobre o conteúdo da parábola do devedor implacável: Mt 18,23-35.

Não é a lei que salva — afirma Jesus —, mas o novo ser, próprio da vivência do Reino. Como sabemos, esta realidade é aprofundada pelo apóstolo Paulo, na Epístola aos Romanos. Não é a lei que salva, mas a fé, o dom gratuito de Deus, e, simultaneamente, a resposta do ser humano.

Não há dúvida de que a liberdade de Jesus perante a lei constitui uma forte crítica ao legalismo e à casuística. Mas é muito mais do que isso: a atitude livre de Jesus diante da lei liberta o ser humano da imagem opressora de Deus, um Deus que escraviza com o jugo pesado da multiplicidade de normas, proibições e leis. Mais importante ainda, nessa atitude livre de Jesus ocorre a revelação viva de que a libertação profunda do ser humano não se encontra na mera observância da lei, mas na vivência do dom do Reino. Em outras palavras, a libertação encontra-se na vivência da graça. Vida de graça e novo ser, adentrado pela experiência da gratuidade, significam a mesma coisa.

Esta liberdade de Jesus em relação à lei não foi entendida pela comunidade cristã como um convite à anarquia e à anomia. Ao contrário, foi interpretada como uma exigência bem superior à lei, exigência qualitativamente diferente, que coloca o ser humano em outro plano, bem mais profundo. A verdade do ser humano encontra-se, pois, na vivência do dom do Reino, traduzida no amor-serviço. Trata-se de algo bem radical: ser ou não ser no Reino. Compreende-se assim o susto dos discípulos, acostumados ao cumprimento superficial das normas da Halaká (cf. Mc 10,26).

c) *Significado da lei na vida cristã*

Será, então, que Jesus não se interessou pelas normas e leis que deveriam orientar a vida dos discípulos? Conforme o quarto evangelho, Jesus deu aos discípulos um "novo mandamento": Jo 13,34. Trata-se do amor-serviço, o amor vivido por Jesus na fidelidade ao messianismo de serviço. Em que consiste o novo? Precisamente na vivência do amor-serviço, que está no lugar de qualquer mandamento, segundo a observação do apóstolo Paulo: Rm 13,8-10. A observância da lei, sem o amor-serviço, é somente uma obra própria da atitude farisaica.

Podemos então concluir que o novo ser, a vida da graça, dispensa exigências éticas, normas de convivência e leis? A resposta é francamente negativa. Nesta etapa do Reino, com todas as suas ambiguidades, a lei, os mandamentos e as normas são ainda necessários. É fácil saber porquê: o amor-serviço e a gratuidade são realidades ainda precárias. A tendência para o mal, para o "velho", como vimos no item anterior, está fortemente presente na vida de cada pessoa e das comunidades.

É fato constatado na história da Igreja que, quando o espírito evangélico, traduzido no amor-serviço, está mais desenvolvido, é menor a necessidade de normas e leis. Já quando o amor-serviço é mais deficiente, aumenta a necessidade delas para tornar possível uma razoável convivência comunitária. A história das Ordens e Congregações religiosas testemunha a mesma realidade. Poucas foram as normas prescritas pelos grandes fundadores. Uma vez, porém, diminuído o fervor evangélico primitivo, cresce a necessidade de multiplicar as leis.

Consciente da ambiguidade da existência atual, o discípulo observa as normas, mandamentos e leis (naturalmente, não quando são desumanizador), como expressão do amor-serviço, mas sempre lembrando que a mera observância, se faltar o novo ser, leva à atitude farisaica.

Como era de se esperar, numa sociedade fortemente marcada pela Halaká, a liberdade de Jesus perante a lei suscitou grande escândalo. Os dirigentes do status quo religioso perceberam logo o perigo que as atitudes de Jesus poderiam gerar. E decidiram eliminá-lo.

Para reflexão pessoal e comunitária

À luz da atitude de Jesus em relação à lei, rever nosso comportamento quanto às normas e leis da Igreja, de nossa comunidade, congregação etc.

Orientação para leitura

Sobre as atitudes de Jesus em relação à lei, cf.: GOPPELT, op. cit., pp. 117-125; FABRIS, op. cit., pp. 122-127; GONZÁLEZ FAUS, op. cit., pp. 57-71; DUQUOC, op. cit., pp. 100ss; GNILKA, op. cit., pp. 197-209. Sobre as instruções de Jesus para o comportamento do discípulo na "nova ordem" do Reino, cf. ibid., pp. 209-230.

2. Atitude de Jesus em relação aos ricos

Entre os beneficiários do Reino, sempre gratuito, estão os pobres. E, conforme assinalamos anteriormente, não é devido a algum mérito especial deles. A explicação é outra: a situação de injustiça em que se encontram faz com que o Deus do Reino intervenha, mediante Jesus, em seu favor. Chamamos também a atenção para a dura advertência feita por Jesus aos ricos: não participarão do Reino de Deus aqueles que marginalizam, que permitem que outros sejam injustiçados ou que simplesmente se omitem diante da injustiça.

A opção eclesial pelos pobres na América Latina tem suscitado fortes discussões, muitas polêmicas e bastante mal-estar. E isto ocorreu mesmo quando se insistiu, por vezes, no fato de que se tratava de uma opção preferencial e não exclusiva. Levando, pois, em consideração este contexto eclesial, é importante verificar qual foi o comportamento de Jesus em relação aos ricos de seu tempo. Simultaneamente, aparecerá com mais clareza o porquê evangélico da opção pelos pobres.

a) *Os riscos da riqueza*

Não há dúvidas a respeito da dura condenação que Jesus faz do rico que, fechado em sua riqueza, não aprende a partilhar, ficando surdo ao clamor da injustiça: Lc 6,24; 16,19-31 etc. Esta temática é retomada em Tg 4,13-5,6.

Dois motivos básicos explicam essa condenação: em primeiro lugar, a riqueza leva facilmente a uma *falsa segurança* (cf. Lc 12,16-21); em segundo, com igual facilidade, leva à *idolatria* (cf. Mt 6,24). Não dá realmente para servir ao Deus do Reino e ao dinheiro. Se o Deus do Reino for aceito de verdade, a riqueza não poderá ser o *objetivo prioritário* da vida humana. Uma vez acolhido o Deus do Reino, a pessoa vai aprendendo a partilhar e a colocar-se a serviço dos outros. Se o lucro ou a posse de bens constituírem a preocupação central da pessoa, então o Deus do Reino não foi aceito com seriedade. É verdade que a pessoa rica, fechada em sua riqueza, pode até ser muito religiosa, mas *não em relação ao Deus do Reino*.

Assim, em virtude da falsa segurança proporcionada e do tremendo perigo da idolatria, a riqueza é vista por Jesus como um formidável obstáculo à salvação: Mt 19,23-26. A riqueza acaba por ser uma "obra" na qual o ser humano coloca sua confiança, fechando-se ao dom do Reino.

b) *Como Jesus viveu a pobreza*

E Jesus, como é que lidou, na própria vida, com a posse de bens? Jesus foi pobre durante toda a sua vida em Nazaré. Podemos discutir até que ponto era mais ou menos pobre uma família de trabalhadores, numa pequena cidade da Galileia. De qualquer forma, devemos admitir a realidade de que Jesus viveu a existência própria do povo simples que luta para viver. Foi também pobre durante a chamada vida pública (cf. Lc 9,58), na dependência da ajuda de outras pessoas (cf. Lc 8,1-3). E, como sabemos, foi totalmente despojado em sua morte: tiraram-lhe até as roupas (cf. Mt 27,35).

É preciso notar também que Jesus viveu a pobreza não com agressividade ou ressentimento, mas simplesmente como expressão de sua liberdade e de sua opção pelo serviço ao Reino de Deus. Algo semelhante pode ser afirmado a respeito da opção celibatária de Jesus. Ela não traduz desprezo, medo da mulher ou da sexualidade. Ao contrário, o valor que Jesus atribui ao ser feminino e à relação afetuosa e amadurecida que mantém com as mulheres logo chama a atenção do leitor dos Evangelhos. O celibato constitui também uma manifestação da liberdade para o Reino, vivida na entrega incondicional ao messianismo de serviço.

c) *Pode o rico participar do Reino de Deus?*

Alguém poderá agora perguntar: será que Jesus não se importou com a salvação dos ricos? Evidentemente que sim. Por isso, ele chama os ricos à conversão, como, por exemplo, Zaqueu (cf. Lc 19,1-10), o jovem rico (cf. Mt 19,16-22), Nicodemos (cf. Jo 3,1ss) e José de Arimateia (cf. Jo 19,38-42; Mt 27,57-61).

E qual é, então, a situação do rico que se abre à proposta do Reino de Deus e vai aprendendo a colocar sua riqueza a serviço dos empobrecidos e marginalizados? A resposta é dada em Mt 5,3: "Bem-aventurados os pobres em espírito, porque deles é o Reino dos céus". Pela expressão "pobres em espírito", são designadas as pessoas que vão se esvaziando do orgulho e da autojustificação para viver a confiança no amor e na misericórdia de Deus. O desapego em relação aos bens e riquezas deve ser parte fundamental dessa atitude. Mas atenção: este desprendimento interior só é verdadeiro quando expressado e corporificado na partilha, no serviço aos empobrecidos e no compromisso de luta contra as injustiças em âmbito estrutural. Aqui é preciso cuidado com a armadilha dualista: a pessoa sente-se bem-aventurada porque seu coração não está apegado à riqueza. Isto, sem dúvida, é importante, mas não basta. Não existe uma pobreza meramente interior. A pobreza em espírito, realidade interior profunda, expressa-se nos compromissos vividos a serviço dos pobres e injustiçados, tanto no plano da ajuda concreta prestada a pessoas, quanto no plano estrutural (luta para transformar estruturas econômicas, sociais, políticas... que marginalizam e impedem a humanização da pessoa).

Sim, o rico pode participar do Reino de Deus, porque para "Deus tudo é possível" (Mt 19,26), mas a conversão do rico implica o compromisso com os pobres. A conversão de Zaqueu, por exemplo, é típica: "Dou a metade de meus bens aos pobres e, se defraudei alguém, restituo-lhe o quádruplo" (Lc 19,8). Uma vez que a pobreza é provocada, principalmente por estruturas injustas, é óbvio que a conversão do rico não pode ficar limitada à partilha, entendida esta como ajuda prestada aos empobrecidos, em âmbito assistencial. É indispensável, igualmente, um compromisso concreto com a transformação das estruturas que criam a pobreza e a marginalização. Só assim o rico passa a viver também a bem-aventurança.

d) *O que fazer com a riqueza injusta?*

Em relação ao uso da riqueza, há um texto no evangelho de Lucas (16,9) que causa certa estranheza.

"Fazei amigos com a riqueza injusta para que, quando esta vier a faltar, esses amigos vos acolham nas moradas eternas" (quer dizer, no Reino de Deus). No contexto da parábola do administrador desonesto (cf. Lc 16,1-8), entende-se facilmente a contraposição estabelecida por Jesus entre o uso da riqueza por parte dos "filhos deste mundo" e o uso que deve ser feito pelos discípulos, os "filhos da luz". Os primeiros, representados pelo administrador desonesto, procuram a acumulação de bens a serviço do próprio interesse. Os segundos são convidados a usar da riqueza para viver a solidariedade, a serviço dos pobres.

Alguém poderá objetar que o texto se refere unicamente ao dinheiro injusto ou à riqueza da iniquidade. Todavia, parece-nos não constituir extrapolação ilegítima alguma a aplicação da expressão "riqueza injusta" a todo tipo de riqueza, tanto no mundo atual como no mundo conhecido por Jesus (Palestina do século I).[5] Pensemos no modelo de desenvolvimento implantado no Brasil (injusto, porque concentrador de riqueza), bem como nas estruturas sociais, políticas e econômicas vigentes. Tanto o modelo como as estruturas geram pobreza e marginalização crescentes para a maioria da população, enquanto possibilitam o fácil enriquecimento de uma minoria. Sabemos que os pobres estão cada vez mais pobres e os ricos, cada vez mais ricos. Podemos então perguntar: como verá essa situação o Deus do Reino? Será que diante do Deus da vida não estamos vivendo uma situação objetivamente injusta? Para citar só um exemplo: uma estrutura social que vincula o acesso de uma pessoa à Universidade, à exclusão de muitas outras, impedindo-as de

---

[5] Sobre essa interpretação, ver, por exemplo, FABRIS, R. & MAGGIONI, B. Os evangelhos (II); tradução e comentários. São Paulo, Loyola, 1992. p. 165.

desenvolverem suas potencialidades intelectuais, não será injusta para o Deus do Reino, fonte de vida para todos? Obviamente, poder frequentar uma Universidade e desenvolver as qualidades intelectuais é um bem. O problema surge quando ocorre uma relação de causa--efeito entre os poucos que têm todas as oportunidades e os muitos que destas são privados. Surge então a injustiça objetiva, estrutural, que acontece independentemente da bondade ou maldade subjetiva da pessoa beneficiária das estruturas injustas. Reconhecer que, num sentido teológico profundo, somos detentores de riquezas injustas, neste nosso mundo concreto com suas estruturas, é um passo necessário para que nos convertamos à proposta do Reino de Deus.

O que fazer então com essa riqueza injusta? A resposta de Jesus é clara e libertadora: Fazei amigos com essa riqueza! Pouco adianta lamentar-se, angustiar-se, discutir eternamente a situação do país etc. Fazei amigos já, agora! Colocai essa riqueza, quer seja muita, quer seja pouca, a serviço dos empobrecidos! Convém insistir: trata-se do serviço prestado às pessoas concretas e do serviço vivido no compromisso com a mudança das estruturas injustas.

e) *Significado da bem-aventurança dos pobres*

"Bem-aventurados os pobres, porque deles é o Reino de Deus!" Podemos agora precisar melhor o alcance desta bem-aventurança.

— Bem-aventurados os mais pobres entre os pobres, aqueles que, por doença ou por pesados condicionamentos psicológicos ou sociais, são incapazes de responder com responsabilidade à interpelação do Reino de Deus. Estes são convidados com total gratuidade a fazer parte do Reino.

— Bem-aventurados os pobres que podem responder à interpelação do Reino de Deus. Trata-se dos milhões de homens, mulheres e crianças, deixados de lado pelo desenvolvimento unilateralmente tecnocrático. São pessoas realmente marginalizadas, mas que podem aceitar e viver o convite do Reino. A este grupo pertencem tantos e tantos cristãos que fazem parte de nossas comunidades eclesiais populares: eles respondem à interpelação do Reino de Deus, assumindo o compromisso de realizar os sinais de sua atuação nas situações concretas. São convidados também, com total gratuidade, a participar do Reino de Deus, mas se lhes solicita a resposta da abertura ao dom de Deus e o compromisso do amor-serviço (incluindo a prática da justiça).

— Bem-aventurados aqueles que, não sendo pobres, optam realmente pelos pobres e se colocam a seu serviço, com sua riqueza, seu poder político, seus estudos etc. São convidados, igualmente com total gratuidade, a participar do Reino de Deus, mas a eles se pede uma conversão que implica, entre outras coisas, colocar a riqueza a serviço dos empobrecidos, tanto em relação à ajuda prestada a pessoas necessitadas quanto à da transformação de estruturas.

Para reflexão pessoal e comunitária

À luz das palavras e do comportamento de Jesus em relação a ricos e pobres, rever como está sendo vivenciada nossa opção pessoal e comunitária pelos pobres.

Orientação para leitura

Sobre a pregação e as atitudes de Jesus em relação a pobres e ricos, cf. FABRIS & MAGGIONI, Os evangelhos (II), pp. 108-115; GOPPELT, op. cit., pp. 110-115;

Dupont, J. Os pobres e a pobreza segundo os ensinamentos do Evangelho e dos Atos dos Apóstolos In: Vv.Aa., A pobreza evangélica. São Paulo, Paulinas, 1976. pp. 37-66; Gnilka, op. cit., pp. 163-171.

3. Liberdade de Jesus em relação à religião

Não há dúvida de que Jesus foi profundamente religioso, pois viveu uma íntima união com o Pai. Contudo, também é verdade que sua religiosidade entrou em conflito com setores poderosos do judaísmo de seu tempo. Esse conflito manifestou-se em relação ao significado do templo, do sábado e do sacerdócio judaico.

a) *Jesus e o templo*

O templo de Jerusalém era o centro não só da religião, como também da vida econômica palestinense. E parece que havia muita corrupção em torno dele.

Os judeus valorizavam bastante a mediação do templo na relação com Deus. Ao templo era atribuído um valor quase absoluto, algo assim como se ele fosse uma garantia de salvação, independentemente da vivência da misericórdia e da prática da justiça.

A atitude de Jesus para com o templo é bem clara: a relação com o Pai não está limitada a um espaço sagrado (cf. Jo 4,19-24). A realidade, aliás, daquilo que era considerado sagrado foi transformada por Jesus, que superou a distinção entre "sagrado" e "profano", tão fundamental nas religiões. Jesus não nega a realidade do sagrado, mas afirma que este se encontra onde o homem adora Deus em espírito e verdade. Quer dizer: qualquer situação humana — exceto o pecado, que é sempre desumano — pode ser vivenciada como sagrada, como mediação do encontro com o Deus vivo.

O templo, conforme diz Jesus, será destruído (cf. Mc 13,1-4) e o verdadeiro templo é ele, Jesus Cristo, morto e ressuscitado, o legítimo lugar da presença de Deus (cf. Jo 2,19-22). De fato, Jesus foi acusado de ter-se apresentado como o novo templo (cf. Mc 14,58). E ele é, sem dúvida, o verdadeiro templo, a única mediação do encontro com Deus. Do mesmo modo, a comunidade cristã, em íntima união com Jesus Cristo, considera-se também um templo (cf. Ef 2,19-22) e cada cristão é apresentado como templo do Espírito Santo (cf. 1Cor 6,19; 3,16-17; 2Cor 6,16...). Quer dizer: para a consciência cristã, fundamentada nas atitudes e palavras de Jesus, estava claro que o lugar do encontro com Deus era Jesus Cristo, bem como o espaço humano (a comunidade, cada um dos cristãos...). Compreende-se, assim, por que a Igreja primitiva não se sentia vinculada a um determinado espaço sagrado (cf. Rm 16,5; 1Cor 16,19; At 7,48...).

Com efeito, para as comunidades cristãs, a superação do templo vinha acompanhada da aceitação de Jesus Cristo como único mediador: uma mediação sobretudo existencial (mediação de sua vida de servidor, de sua morte e de sua ressurreição, inseparavelmente unidas). Com a morte de Jesus, rompeu-se o véu do templo (cf. Mt 27,51), interessante simbolismo para significar que ficaram superadas em Cristo as velhas separações e dicotomias entre *culto* e *vida* (cf. Hb 5,7-8), *sacerdote* e *vítima* (cf. Hb 7,27; 9,14), *sacerdote* e *povo* (cf. Hb 4,15). A entrega de Jesus, vivida em profunda solidariedade, rompeu com todas as divisões.

O importante na existência cristã é, igualmente, a entrega da própria vida a Deus, em conexão inseparável com a vivência do amor-serviço solidário aos irmãos. Este é o culto que agrada a Deus (cf. Rm 12,1ss).

b) *Jesus e o sábado*

Jesus, conforme já dissemos ao tratarmos de suas atitudes diante da Halaká e da Torá, foi igualmente livre em relação ao sábado. O descanso sabático fazia parte da Torá (cf., por exemplo, Dt 5,12-15), mas sua observância estava, na prática, submetida à multiplicidade de regras da Halaká. A atitude livre de Jesus em relação às interpretações e normas da Halaká sobre o sábado não significa, contudo, desprezo ao descanso sabático. Ao contrário, é Jesus (e não seus acusadores) quem vive o verdadeiro significado do sábado.

Chamamos também a atenção para o fato de que Jesus cura intencionalmente no sábado (cf. Mt 12,10-12; Lc 13,10-17; Jo 5,16-17; 7,19-24...) e chega a sugerir a outros que façam no sábado o que era proibido (cf. Jo 5,9-12; 9,16). Esta atitude de Jesus é motivo de escândalo e suscita furor em escribas e fariseus. Por causa dela, Jesus é rejeitado.

A intenção de Jesus parece clara: ele quer mostrar que o decisivo na religião é o bem do ser humano. Fazer o bem a este é mais importante do que o dia sagrado. O sábado foi feito para o homem e não ao contrário: cf. Mc 2,27-28. Existe uma maneira mais adequada de observar o sábado do que fazer o bem? Claro que não, mas isto não foi compreendido pelo chefe da sinagoga de que nos fala o evangelista (cf. Lc 13,14-17).

A liberdade de Jesus em relação ao sábado mostra-nos o risco de desumanização que comporta o sagrado quando objetivado. O sábado e o templo, quando separados da prática do amor-serviço e da solidariedade, levam facilmente a pessoa religiosa a desenvolver uma falsa consciência, marcada pela ausência de solidariedade para com os que sofrem. Os escribas e fariseus de que os textos citados nos falam, apresentam esse tipo de consciência endurecida.

c) *Jesus e os sacerdotes*

Jesus não foi considerado um sacerdote em sua vida terrestre. De fato, sua vida e toda a sua atividade estão bem longe do âmbito cultual, próprio do sacerdócio judaico. Tanto na atividade como nas palavras de Jesus não encontramos uma valorização especial do mundo cultual (cf. Mt 9,9-13; 15,1-2...). A citação de Os 6,6, feita em Mt 9,13, é muito elucidativa: também para Jesus é claro que o que Deus quer é "misericórdia" e não "sacrifício". Jesus fala e vive suas atitudes de maneira bem pouco sacerdotal. O acento sobre a vivência do Reino de Deus é colocado nas relações humanas ("misericórdia") e não no rito ("sacrifício").

Alguns autores veem no evangelho de Lucas uma crítica endereçada aos sacerdotes. Comparam assim a fé de Maria com a incredulidade de Zacarias: Lc 1,5ss. Ressaltam, igualmente, a atitude solidária do samaritano em contraste com a ausência de solidariedade do sacerdote, o homem das coisas sagradas: Lc 10,29-37.

Contudo, a fé cristã, depois da morte-ressurreição de Jesus, interpretará sua morte como sacrifício e como culto oferecidos a Deus. Trata-se, porém, de um sacrifício e de um culto bem diferentes daqueles que o judaísmo e as religiões em geral desenvolvem. O Novo Testamento sublinha essa diferença: Jesus morre fora dos muros da cidade santa (cf. Hb 13,12), condenado como blasfemo (cf. Mt 26,65-66), um homem perigoso para o "lugar santo" (cf. Jo 11,48), um malfeitor (cf. Jo 18,30); e morre entre ladrões (cf. Mt 27,44). É fácil concluir que se trata de um culto bem original, onde não se encontram ritos propriamente religiosos. Em resumo: nem a vida nem a morte de Jesus apresentam algo em comum com o sacerdócio judaico do seu tempo.

A Epístola aos Hebreus, aprofundando a interpretação da morte de Jesus, apresenta-o como sumo sacerdote (cf. Hb 8,1ss; 10,19-21; 4,14; 9,11...). Em que sentido Jesus é considerado sacerdote? Trata-se de um sacerdócio existencial, e não propriamente ritual. Vamos explicar melhor esta afirmação.

— Jesus é sacerdote não porque *se separa* do profano, mas porque se *aproxima* dos que sofrem, porque é solidário com eles (cf. Hb 2,17-18; 4,14-15), porque partilha do sofrimento dos irmãos, podendo então ajudá-los.

— É sacerdote em virtude da entrega da própria vida ao Pai, entrega essa realizada na morte (cf. Hb 9,26), mas vivida igualmente em cada instante de sua existência (cf. Hb 10,5-10).

— Jesus é o sacerdote que se *entrega* aos irmãos (cf. Hb 9,11-28), no amor-serviço que culmina com a morte.

— Jesus é o sacerdote que oferece a si próprio, que oferece a própria vida, sem ruptura entre culto e vida cotidiana. O sagrado não está separado do profano (cf. Hb 13,16).

d) *Consequências para a vida atual das comunidades cristãs*

Da atitude livre de Jesus em relação à religião judaica, tal como era predominantemente entendida em sua época, e da interpretação que o Novo Testamento faz dessa atitude e da morte na cruz, deduzem-se consequências importantes para a vida das comunidades cristãs. Eis algumas delas:

- Todas as mediações religiosas devem ser relativizadas. O *único* verdadeiro sacerdote e o *único* mediador da salvação é Jesus Cristo. Isto não significa a anulação do valor de outras mediações; significa que elas têm valor apenas *relativo*, na medida em que apontam para Jesus Cristo e ajudam a encontrá-lo.

- O culto cristão celebra e atualiza a entrega de Jesus Cristo, em conexão com a entrega de nossa vida ao Pai e com o compromisso em relação ao amor-serviço. É necessário, porém, ter muito cuidado com o ritualismo, pois que ele pode esvaziar o culto de seu sentido profundo.

- Convém lembrar também que o culto e as celebrações são — e devem ser — "tempo e espaço simbólicos", tempo-espaço de vivência da gratuidade, de assumir mais conscientemente a relação com Deus, de expressar comunitariamente o pedido de perdão, de oferecer a própria vida, de ação de graças etc. Tudo isto em união com Jesus Cristo e no Espírito.

- No culto e nas celebrações, assumimos realidades de nosso mundo, utilizando-as como mediação expressiva de nossa relação com Deus (assunção intencional).[6]

Para reflexão pessoal e comunitária

1. Como relacionar a aceitação da mediação única de Jesus Cristo com a existência de outras mediações na Igreja? Como valorizar as mediações apresentadas em outras religiões?

---

[6] Sobre "tempo e espaço simbólicos" e sobre a "assunção intencional", cf.: GARCIA RUBIO, A. Unidade na pluralidade. 3. ed. São Paulo, Paulus, 2001. pp. 588-595.

2. Que significa para a nossa vida cristã a afirmação de que o encontro com Deus ocorre na mediação de Jesus Cristo e no espaço humano a ele vinculado?

3. Rever, em nossa vida, a relação existente entre a participação litúrgica, a prática da justiça e a vivência do amor-serviço.

4. Será que hoje se dá a manipulação do sagrado? Identificar as possíveis manipulações.

Orientação para leitura

a) Sobre a relação vivida por Jesus com o mundo religioso, cf. *Duquoc*, op. cit., pp. 99-104.

b) Sobre as atitudes e palavras de Jesus em relação ao templo, cf.: *Goppelt*, op. cit, pp. 125-126; González Faus, op. cit, pp. 72-82; *Fabris*, op. cit., pp. 127-133; Forte, op. cit., pp. 266-270.

c) Sobre as atitudes de Jesus em relação ao sábado, cf. *Fabris*, op. cit., pp. 123-125.

4. Liberdade de Jesus no contexto sociopolítico palestinense

A mesma liberdade vivida por Jesus em relação à religião, à Halaká e mesmo à Torá está presente nas ligações de Jesus com as pessoas, grupos e partidos existentes em seu tempo.

Já assinalamos o quanto Jesus é isento de preconceitos perante os marginalizados: pobres, pecadores públicos, doentes, mulheres e crianças. Chega mesmo a afirmar algo inaudito, ou seja, que o Reino de Deus lhes pertence!

Jesus não se deixa levar pelo desprezo que os judeus alimentavam pelos *galileus* e *samaritanos*. A abertura ao dom do Reino rompe os esquemas que separam e marginalizam. A vivência do Reino mostra-nos Jesus e substitui o preconceito pela solidariedade.

Livre, muito livre é Jesus também em relação às instituições do judaísmo, como, por exemplo, o Sinédrio. Igualmente livre é ele em relação às várias tendências presentes no judaísmo palestinense: fariseus e saduceus, de um lado; sicários e zelotes, de outro — aqueles, defensores da permanência do *status quo*; estes, partidários da luta armada contra a dominação estrangeira. Jesus, de modo algum, ficava "em cima do muro", como se diz hoje. Ao contrário, é ele quem indica, com radicalidade e profundidade, a raiz da podridão social e religiosa então existente. E assim, a hipocrisia, a corrupção e a mentira de grupos dominantes na sociedade e na religião são denunciadas e desmascaradas por Jesus (cf., por exemplo, Mt 23,1-36). Falsidade, legalismo, ganância, engano, crime organizado, autocomplacência orgulhosa daqueles que se consideram justos, rigorismo escravizante, fanatismo, sectarismo... Jesus põe o dedo na chaga apodrecida do indivíduo e da sociedade.

Em suas atitudes, Jesus mostra-nos o quanto a entrega ao serviço do Reino de Deus é *libertadora* e até que ponto temores e preconceitos vão sendo superados. Especialmente a falsa segurança, o grande obstáculo para a vivência do dom do Reino, é desmascarada por Jesus, assim como os esquemas que o engenho humano constrói para dar essa segurança. Por meio de suas palavras e atitudes, ele aponta para a verdadeira segurança; trata-se da vivência do novo ser, da abertura — obediência ao Pai em união com a prática da justiça e do amor-serviço.

Para reflexão pessoal e comunitária

1. A experiência do Reino leva-nos, progressivamente, a uma maior liberdade em relação a preconceitos e discriminações?
2. Rever as relações entre grupos de orientações diferentes no interior da Igreja.

Orientação para leitura

Um bom resumo do comportamento livre de Jesus, em seu contexto social, político e religioso, encontra-se em FORTE, op. cit., pp. 254-266. Cf. também DUQUOC, op. cit, pp. 106-110.

5. Os milagres de Jesus: atuação libertadora do Deus da vida

O perdão oferecido por Jesus, o convívio com os marginalizados, a liberdade vivida em relação à lei e à religião... constituem sinais da atuação do Reino de Deus. É assim que Jesus vive o seu messianismo de serviço. E seus milagres devem ser entendidos nesse mesmo contexto; eles também são sinais da presença vivificadora e libertadora do Reino de Deus.

a) *O que se entende por milagre*

No mundo cultural ocidental, o milagre é visto como um acontecimento portentoso, que interrompe as leis da natureza e só pode ser atribuído a Deus, criador do mundo e das suas leis. Nesta perspectiva, a natureza é considerada um sistema fechado: só em casos excepcionais Deus intervém na ordem desse mundo por ele criado.

A visão dos judeus era bastante diferente. Para eles, o mundo criado bem como o ser humano estão continuamente abertos à ação divina criadora e salvadora. Tanto a natureza quanto a história estão sempre abertas à intervenção de Deus. Em consequência, os milagres não eram interpretados como interrupções das leis da natureza. Milagre era toda comunicação da presença vivificadora e libertadora de Deus, mas sempre uma comunicação feita com poder.

Em relação ao milagre visto como uma interrupção das leis da natureza, não seria supérfluo ressaltar aqui a realidade de nossa ignorância a respeito do alcance dessas leis. Isto é algo reconhecido hoje por renomados cientistas. Podemos então perguntar: será que o milagre, em vez de constituir uma interrupção da sequência causa-efeito da ordem natural, não realizaria, de maneira mais profunda, essa mesma ordem natural? Não seria o milagre a ação misericordiosa e eficaz de Deus, atuando na profundidade última do natural, com o objetivo de suscitar saúde e liberdade, isto é, uma vida mais plena? É uma perspectiva que, sem dúvida, valeria a pena aprofundar.[7]

b) *Os milagres de Jesus*: primeira aproximação

A investigação histórico-crítica, a respeito da tradição evangélica de milagres, reconhece a existência de um núcleo histórico, de origem pré-pascal. Sobre esse núcleo foram feitos acréscimos posteriores (material pós-pascal).[8] Não poderíamos aqui abordar esse tipo de estudo, mas convém chamar a atenção para o fato

---

[7] Sobre este tema, cf. GONZÁLEZ FAUS, J. I. Clamor del reino. Estudio sobre los milagros de Jesús. Salamanca, Sígueme, 1982. pp. 151-156.

[8] R. Latourelle, na obra Milagros de Jesús y teología del milagro (Salamanca, Sígueme, 1990), faz um estudo dos relatos evangélicos de milagres, separando o núcleo histórico da interpretação posterior. O resultado desse estudo mostra que o núcleo histórico aparece bem mais extenso do que se pensava nos círculos especializados, algumas décadas atrás.

de que os discípulos, em sua missão evangelizadora, encontraram no ambiente greco-romano esquemas narrativos de milagres. Esses esquemas existiam também no judaísmo e nada há de estranho em terem sido utilizados para narrar os milagres de Jesus.

Mas o que caracterizava os milagres de Jesus? Vamos responder por partes a esta pergunta.

Primeiramente, é importante prestar atenção à terminologia utilizada pelo Novo Testamento para designar os milagres de Jesus. A palavra grega teras, que acentua o caráter maravilhoso e portentoso do fato narrado, não é utilizada pelos Evangelhos para designar os milagres realizados por Jesus. As palavras escolhidas são *dynamis* (ato de poder), *ergon* (obra) e *semeion* (sinal).

Em segundo lugar, as narrativas evangélicas de milagres pretendem transmitir uma mensagem para as comunidades e para cada cristão: têm, portanto, uma função catequética. Em que consiste essa mensagem? Comecemos pelas curas.

As curas realizadas por Jesus são expressão de sua presença salvadora-libertadora em meio ao povo sofrido. O apóstolo Pedro resume toda a atividade de Jesus, afirmando que ele "passou fazendo o bem e curando todos aqueles que haviam caído no poder do diabo" (At 10,38). Jesus faz o bem e, assim, é fiel a si próprio, à sua vocação de Messias servidor. Conforme afirma claramente no Sermão da Montanha, ele não enfrenta o mal com o mal, mas se opõe ao mal fazendo o bem, libertando a pessoa para que viva de maneira mais íntegra e possa ser ela mesma, livre para aceitar o dom de Deus e para viver o amor-serviço. Jesus não se dedica a fazer milagres, não pretende ser um taumaturgo (realizador de portentos maravilhosos), não toma a iniciativa de realizar curas: atende a quem dele se aproxima pedindo ajuda. As curas são expressão desse "fazer o bem". Passar todo o tempo fazendo o bem implica a comunicação de vida, esperança, alegria, liberdade... Este "passar fazendo o bem", que se manifesta também no perdão dos pecados, no desmascaramento da mentira social e religiosa, na liberdade perante a lei e a religião, na superação de preconceitos etc. expressa-se de modo mais intuitivo na cura de doentes.[9]

A afirmativa de que Jesus passou "fazendo o bem" aplica-se ainda, de maneira muito especial, aos exorcismos. Jesus faz o bem libertando muitas pessoas do poder escravizador do mal, do "espírito do mal", que está a serviço da desintegração do ser humano e da morte: Satanás é vencido; Jesus comunica o Espírito de vida e de liberdade. O exorcismo manifesta, com total clareza, que o Reino já começou a libertar da escravidão do mal (cf. Mc 3,22-30; 5,1-20...).[10]

E qual seria a mensagem transmitida pelos chamados "milagres sobre a natureza"? Esses milagres (a tempestade acalmada: Mc 4,37-41; a marcha de Jesus sobre as águas: Mc 6,45-52; os pães para a multidão: Mc 6,34-44 e 8,1-9; a pesca extraordinária: Lc 5,1-11; a moeda na boca do peixe: Mt 17,24-27; a maldição da figueira: Mc 11,12-14; a água convertida em vinho: Jo 2,1-11) constituem uma bela e profunda apresentação da fé cristã em Jesus Cristo. São relatos que procuram responder à pergunta: quem é mesmo esse Jesus de Nazaré? E respondem apresentando-o

---

[9] Cf. SCHILLEBEECKX, E. Jesús. La historia de un viviente. 2. ed. Madrid, Cristiandad, 1983. pp. 166ss.
[10] Sobre o significado das figuras do diabo e dos demônios nos Evangelhos, ver o artigo esclarecedor de J. A RUIZ DE GOPEGUI, "As figuras bíblicas do diabo e dos demônios em face da cultura moderna", Perspectiva teológica 29 (1997), pp. 327-352.

como o Esperado, como o Filho de Deus que tem poder até sobre a natureza. São relatos que constituem verdadeiras confissões de fé pós-pascais. E é preciso ressaltar que esses milagres são apresentados em relação íntima com a salvação, com a vida e a libertação dos seres humanos. Quer dizer: estão a serviço da revelação de quem é Jesus Cristo e do significado libertador da Boa-Nova por ele anunciada.

Quanto aos três relatos de *ressurreições*, narrados nos Evangelhos (cf. Mc 5,35-43; Lc 7,11-17 e Jo 11), não é difícil identificar a mensagem: a fé em Jesus Cristo conduz à vida, pois Jesus é vida e fonte de vida. Querem os três ressaltar, igualmente, que o caminho que leva à vitória sobre a morte é o mesmo percorrido por Jesus na vivência do seu messianismo de serviço. Trata-se de um caminho que desembocou na cruz: a morte de Jesus, em união inseparável com o amor-serviço, vivido em cada instante de sua existência, será convertida em vida nova. Isto é válido para Jesus, mas também para aqueles que nele creem. Nos relatos sobre ressurreições reaparece com nova luz o desafio radical: colocamos a segurança e a confiança nas próprias obras, na autossuficiência orgulhosa e arrogante, ou as depositamos em Jesus, ressurreição e vida plena?

c) *Conteúdo teológico dos milagres evangélicos e discernimento pastoral atual.*

Vejamos agora, um pouco mais pormenorizadamente, o significado teológico dos milagres de Jesus. Uma meditação sobre o rico conteúdo dos relatos de milagres seria útil não só para uma melhor compreensão da atuação do Reino de Deus, mediante Jesus, mas também para fornecer-nos critérios para discernir aquilo que hoje é apresentado como "milagre". Este discernimento tornou-se muito necessário, principalmente nestes dias em que o "milagre" voltou a ser um "ótimo" objeto de comercialização e manipulação.

Eis, em resumo, o conteúdo teológico dos relatos evangélicos de milagres:

— Já assinalamos anteriormente que os milagres de Jesus são "atos de poder", "obras" e "sinais" da presença libertadora do Reino de Deus. O poder de Satanás é vencido. Começa a atuação do Reino de Deus: Mt 12,28.

— Os milagres ressaltam que a libertação realizada pelo Reino de Deus tem um caráter também corporal. O ser humano inteiro, em todas as suas dimensões, é atingido pela libertação e pela novidade de vida. E, mediante essa corporalidade, o mundo todo é penetrado pela salvação do Reino.

— Os milagres de Jesus são sementes e sinais de *esperança* no coração da realidade atual. Eles comunicam a mensagem de que, apesar de tudo, o ser humano e seu mundo têm futuro. Os milagres evangélicos, na linguagem teológica, possuem uma dimensão *escatológica*.

— Constituem "atos de poder", mas não de um poder dominador, que anula ou diminui a liberdade do ser humano. Os milagres são feitos em função do Reino e traduzem uma realização-vivência do amor-serviço. Convém citar novamente a afirmação do apóstolo Pedro: "Passou fazendo o bem" (At 10,38). O milagre, como vimos, é uma forma de fazer o bem, de ajudar as pessoas no seu caminho de libertação, mas não é apresentado pelo Novo Testamento como um poder mágico, capaz de "dar solução" aos problemas da história humana. Não, o milagre não é solução, mas sinal de que a solução é possível.[14] A categoria de *sinal* é a mais adequada para expressar o sentido do milagre evangélico, pois não se trata propriamente de *prova* em sentido estrito.

— Precisamente porque são sinais e não provas, a interpretação dos milagres pode apresentar uma certa ambiguidade. O poder que atua no milagre pode ser mal-interpretado (cf. Mc 3,22; Mt 12,27; Lc 11,15...). Como toda ação manifestante do Deus da vida, da liberdade e do amor, os milagres respeitam sempre a autonomia e a liberdade humanas. O milagre, ou melhor, a força nele presente — atuação do Reino de Deus — não pode anular ou violentar a consciência humana. Isto seria uma contradição em se tratando do Deus-Ágape.

— Os milagres são sinais realizados sempre em conexão com a fé, com a abertura-aceitação do dom do Reino de Deus. São sinais que, de um lado, levam a uma fé mais explícita e amadurecida e, de outro, supõem a existência de uma certa fé ou abertura inicial.

— Os milagres libertam o ser humano para que ele possa viver um novo ser, próprio do Reino de Deus, e seguir Jesus (cf. Lc 8,26-39). É preciso notar bem a diferença que este texto sublinha entre o homem, vivendo uma existência infra-humana, antes do encontro com Jesus, e a vida humanizada a partir do encontro libertador com ele.

— A libertação para o amor-serviço inclui a vivência comunitária. O milagre liberta e leva o ser humano do fechamento à abertura comunitária.

---

[14] Cf. GONZÁLEZ FAUS, op. cit., pp. 156ss.

Esta breve caracterização do milagre, em sentido evangélico, está a serviço do discernimento pastoral. Este se torna necessário para que se possa distinguir a realidade viva do milagre da exploração e da manipulação das necessidades do povo.

Para reflexão pessoal e comunitária

À luz do conteúdo teológico dos milagres evangélicos, rever como nos situamos diante da multiplicidade de curas apresentadas hoje como intervenções de Deus.

Orientação para leitura

Sobre a interpretação dos milagres evangélicos, cf.: Vv.Aa. *Os milagres do Evangelho*. São Paulo, Paulinas, 1982; Weiser, A. *O que é milagre na Bíblia*. São Paulo, Paulinas, 1978; Jeremias, op. cit., pp. 135-150; Kasper, op. cit., pp. 108-121; González Faus, Clamor del reino, cit., Schillebeeckx, Jesús, la historia..., pp. 163-181; Latourelle, R. *Milagros de Jesús y teología del milagro*. Salamanca, Sígueme, 1990; Gnilka, op. cit., pp. 111-132.

6. Relação entre Jesus e o Pai, sinal básico do Reino de Deus

A liberdade de Jesus, que provoca nossa admiração, não tem seu fundamento numa subjetividade fechada em si mesma, negadora da alteridade dos outros e, portanto, dominadora. Bem ao contrário, a liberdade de Jesus nada tem de arrogante ou de autárquica: ela encontra seu fundamento no Deus da liberdade, da vida e do amor. É uma liberdade que se alimenta da íntima relação vivida com esse Deus, invocado por Jesus pelo termo "Abba" (Pai, ou melhor, Paizinho). O modo pelo qual Jesus se relaciona com o Pai e a qualidade dessa relação constituem o sinal mais fundamental da presença do Reino de Deus.

a) *Jesus e o Pai: o progressivo amadurecimento da relação*

Temos certeza histórica de que Jesus se dirigia a Deus invocando-o como "Abba". O termo, tomado da linguagem familiar, é próprio da criança, em sua relação com um pai amoroso. Duas palavras traduzem bem o que significava para Jesus a relação com Deus como "Abba": confiança e fidelidade. Jesus sente-se acolhido e amado pelo Pai e nele tem profunda *confiança*. E qual é a resposta de Jesus ao amor recebido do Pai? Jesus guarda *fidelidade*, até as últimas consequências, à vocação do messianismo de serviço, em conformidade com a vontade do Pai.[11]

Esta união íntima e profunda com o Pai, esta abertura-acolhimento em relação ao dom do Deus do Reino, esta experiência profunda do amor do Pai e esta fidelidade à própria missão — toda esta riqueza de experiências vai amadurecendo e se desenvolvendo aos poucos no decurso de toda a história de Jesus. É muito importante ressaltar que Jesus viveu uma existência realmente histórica, submetida ao dinamismo temporal-histórico. E assim, a relação com o Pai é vivida por Jesus na história concreta, com suas tensões e conflitos, respeitando as etapas de amadurecimento biológico-psicológico-espiritual, próprias do ser humano. Podemos distinguir três etapas nesse amadurecimento da relação de Jesus com o Pai.

PRIMEIRA ETAPA — O início e o primeiro desenvolvimento da relação de Jesus com o Pai ocorre em Nazaré, durante os longos anos de vida comum, a vida própria de um obscuro habitante de uma pequena cidade perdida nas colinas da Galileia. O papel de Maria — e

---

[11] Sobre a relação entre Jesus e o Pai, cf. especialmente: SOBRINO, J. Cristologia a partir da América Latina. Petrópolis, Vozes, 1983, pp. 106ss.

também de José — deve ter sido muito importante no desabrochar da experiência de Deus vivida por Jesus. Sem dúvida, a oração pessoal e comunitária, a familiaridade crescente com a Torá, a meditação sobre a história de Israel... tiveram influência poderosa no desenvolvimento dessa experiência, durante a chamada vida oculta de Jesus, em Nazaré. Lucas faz a penetrante observação de que Jesus, no início de sua adolescência, vai tomando consciência cada vez mais clara da relação única que vive com o Pai (cf. Lc 2,41-50).

SEGUNDA ETAPA — Começa no rio Jordão, com o batismo de Jesus. É um momento especialmente forte no amadurecimento da experiência da relação com o Pai. Na primeira parte da vida pública de Jesus — antes da crise da Galileia —, o povo o segue com entusiasmo. Fica admirado com a autoridade de suas palavras, com a coerência de sua vida, com a coragem com que desmascara a hipocrisia do status quo religioso e social, com a intensa dedicação vivida em favor dos doentes e marginalizados de qualquer tipo. Jesus sente-se acolhido e amado pelo povo. Nesta etapa, podemos falar que obteve êxito em sua missão evangelizadora. Jesus trabalha incansavelmente: atende o povo sofredor às vezes até mesmo tarde da noite; tem pouco tempo para descansar. Mas tudo vale a pena. O povo está se abrindo à proposta do Reino de Deus. E Jesus está alegre com a receptividade que a mensagem do Reino tem encontrado no meio do povo, em geral, e dos discípulos, em particular, e confiante nela.

Nesta etapa, a união e a relação com o Pai é vivida na alegria: constata-se a presença libertadora do Reino e percebe-se como as pessoas comuns, homens e mulheres simples, sem preparo especial algum, estão começando a abrir-se ao convite desse Reino (cf. Mt 11,25ss).

E Jesus vive, com alegre dedicação, a fidelidade à missão de anunciar e de concretizar sinais do Reino, realizando assim sua vocação de servidor. Usando um termo atual, diríamos que, nesta etapa, a experiência de Deus é gratificante para Jesus.

TERCEIRA ETAPA — Inicia-se com a crise da Galileia. Esta crise aconteceu aproximadamente na metade da vida pública de Jesus, ou, talvez, mais perto do seu final. Não temos certeza da época exata. Conhecemos, no entanto, o conteúdo da crise: ela vem descrita, sumariamente, nos três Sinóticos (cf. Mc 8,27-33; Mt 16,13-23; Lc 9,18-22). Já João tem uma maneira própria de apresentar o conteúdo dessa crise (cf. Jo 6).

A certa altura de seu trabalho evangelizador, Jesus começa a perceber com crescente clareza que o povo não está entendendo, e menos ainda aceitando, a proposta do Reino de Deus, tal como ele a apresenta. Nem mesmo os discípulos estão abertos à compreensão do dom do Reino de Deus. Com certeza, tanto os discípulos como o povo em geral esperam e desejam o Reino de Deus, mas estão muito longe de assimilar e aceitar o caminho do messianismo de serviço. A reação de Pedro, depois do primeiro anúncio da paixão, permite ver isso claramente (cf. Mc 8,31-33). E a dura resposta de Jesus coloca-nos no coração do significado da crise da Galileia. Jesus vai ficando sozinho. Não é compreendido e sua mensagem não é aceita. O povo quer outro tipo de messianismo, quer fazê-lo rei — informa-nos João — porque Jesus ofereceu comida de graça, mas não está disposto a abrir-se à proposta do Reino. E muitos abandonam Jesus (cf. Jo 6,66). Os Doze ficam com ele, mas tampouco compreendem o significado do caminho de Jesus, o que só se realiza após a experiência da Páscoa e de Pentecostes.

A partir da crise da Galileia, Jesus vive a experiência do abandono e da traição. O horto das Oliveiras e a cruz constituem os momentos culminantes dessa experiência. Até os mais amigos — Pedro, Tiago e João —, dominados pelo sono, são incapazes de acompanhá-lo na hora da grande tentação e da tremenda angústia (cf. Lc 22,44-46), na hora em que até o Pai parecia guardar silêncio. Jesus clama ao Pai, pedindo ajuda, mas este não responde. Procura então os amigos mais íntimos, acorda-os, mas eles voltam a dormir (cf. Mc 14,32-42). Jesus fica completamente sozinho. Os enviados dos chefes dos sacerdotes, dos escribas e dos anciãos prendem-no, guiados por Judas. E todos os discípulos fogem, dominados pelo medo. Pedro nega o amigo reiteradamente (cf. Mc 14,66-72). Seguem-se então as horas intermináveis do enfrentamento com a mentira arquitetada por um poder destruidor (o Sinédrio, Herodes, Pilatos...), as longas horas de tortura, da mais amarga injustiça e da mais profunda ignomínia. E o Pai não se manifesta; nada diz. Não defende Jesus, que dedicara toda a sua vida à causa do Reino de Deus. Como é desconcertante e assustador o silêncio do Deus do Reino diante da cruz de Jesus! O evangelho de Marcos coloca nos lábios de Jesus agonizante as palavras do Salmo 22,2: "Deus meu, Deus meu, por que me abandonastes?" (Mc 15,34).

Como deve ter sido diferente da etapa anterior a experiência de Deus vivida por Jesus desde a crise da Galileia até a morte na cruz! A experiência de Deus vai amadurecendo em meio à escuridão e ao sem-sentido, quando o horizonte parece totalmente fechado. Aquilo que o apóstolo Paulo afirma a respeito de Abraão: "Esperou contra toda esperança" (Rm 4,18), foi vivido por Jesus com uma radicalidade incomparavelmente maior e mais sofrida. E, no entanto, continua fiel à missão do messianismo de serviço, assumindo-a até a morte, e morte de cruz (cf. Fl 2,7-8).

Podemos concluir que a experiência de Deus é vivida por Jesus não na fuga da história, mas no próprio coração do seu dinamismo. É no desenrolar da história que Jesus vai amadurecendo e aprofundando sua relação com o Pai, com o Deus sempre maior, para além do pensamento, dos sonhos, desejos e utopias do coração humano, numa experiência por vezes desconcertante e imprevisível, não domesticável nem manipulável pelo ser humano. Jesus passou pela "noite escura do espírito", usando a expressão de S. João da Cruz, a noite do horto das Oliveiras, na experiência do silêncio de Deus. Acrescentemos que se trata de uma experiência necessária para a purificação da imaginação, do sentimento, da inteligência e do coração de todo cristão que vive de maneira mais profunda o encontro com o Deus de Jesus de Nazaré.[12]

b) *A oração de Jesus*

Obviamente, este amadurecimento na experiência de Deus pressupõe a realidade da oração na vida de Jesus. A força, a luz, a capacidade de ser fonte de vida para os outros vêm de Deus. Os evangelhos, sobretudo o de Lucas, apresentam frequentemente Jesus em oração, uma oração vivida em conexão estreita com os acontecimentos mais significativos de sua vida. Uma vez que Jesus, conforme a fé do Novo Testamento, viveu a realidade da limitação humana ("em tudo como nós, exceto no pecado": Hb 4,15), não há por que não aceitar que ele tenha realmente orado

---

[12] O tema da "noite escura" do sentido e do espírito é desenvolvido profundamente por São João da Cruz, na obra A subida do monte Carmelo. Rio de Janeiro, Ocidente, 1945.

(Jesus não fez de conta que orava apenas para dar-nos exemplo, como às vezes se afirmou no passado), pois que precisava de fato da força e do discernimento que vêm de Deus.

Como era a oração de Jesus? Qual o conteúdo dessa oração? Os exemplos que os evangelhos apresentam de orações feitas por ele mostram, como já assinalamos, que sua oração estava intimamente vinculada aos acontecimentos de sua vida. Na oração de Jesus, nada se encontra de alienação ou fuga da realidade. A oração fecunda a vida e esta, por sua vez, está aberta diretamente à oração. Assim, antes da crise da Galileia, deparamo-nos com Jesus fazendo oração de ação de graças e de louvor, adentrada pela alegria, diante da abertura incipiente do povo — desprezado e ignorante — ao dom do Deus do Reino: Mt 11,25-27. Encontramos também, após a crise da Galileia, uma oração angustiada e sofrida, uma oração de pedido de ajuda no horto das Oliveiras: Mc 14, 35-39. As orações de Jesus expressam a situação em que ele se encontra, seu estado de ânimo, o andamento de seu trabalho evangelizador... E trata-se de uma oração dialógica, feita ao Deus-Ágape, e não a um Deus impessoal e distante, dominador e destruidor da autonomia do ser humano.

O modelo de oração para o discípulo é a oração do Reino, o "pai-nosso": Mt 6,9-13. Não é qualquer oração que leva ao encontro com o Deus do Reino. A oração sem humildade (cf. Mt 6,5-6), feita de maneira mecânica e sem compromisso pessoal (cf. Mt 6,7), separada da aceitação prática da vontade do Pai (cf. Mt 7,21-23), bem como a oração arrogante e repleta de autocontemplação do fariseu (cf. Lc 18,11-12), deixa o ser humano entregue a si próprio e privado da experiência do dom do amor de Deus.

Observa-se hoje, em vários ambientes, uma revalorização da oração, o que é muito bom. Entretanto, do ponto de vista da vivência do Reino, é preciso distinguir a oração do Reino de outras modalidades de oração que procuram simplesmente a autossatisfação, o conforto interior e o bem-estar da pessoa orante. Sem disponibilidade em relação à vontade de Deus e sem articulação com o amor-serviço, nas situações do dia-a-dia, a oração não leva à experiência do Deus do Reino.

Para reflexão pessoal e comunitária

Diante dos apelos atuais para que se desenvolva a prática da oração — apelos provenientes de religiões orientais, bem como de Igrejas cristãs —, como discernir, segundo a relação de Jesus com o Pai, que oração leva ao encontro-diálogo com o Deus do Reino?

Orientação para leitura

Sobre o tema da relação de Jesus com o Pai e sobre a qualidade de sua oração, cf.: Sobrino, *Cristologia a partir da América Latina*, 1983, pp. 97-127 e 159-190; Id., *Jesus, o libertador*, pp. 202-238; Fabris, op. cit., pp. 158-162; Duquoc, op. cit., pp. 104-106; Schillebeeckx, op. cit., pp. 232-244.

* * *

Conclusão: a extraordinária pretensão de Jesus

Os dados que servem de base às reflexões desenvolvidas nesta segunda parte apresentam, segundo os exegetas, um sólido fundamento histórico. Assim, podemos concluir que, já antes da Páscoa, Jesus tinha consciência de uma missão única, relacionada à salvação própria do Reino de Deus. Vamos, a seguir, recapitular os dados mais significativos que testemunham a pretensão de Jesus de Nazaré.

a) Vimos como a pregação de Jesus está toda centrada no anúncio da chegada do Reino de Deus. Assinalamos, igualmente, que Jesus não se contentou com o anúncio do Reino: ele realizou sinais que presencializam a atuação desse Reino no tempo atual. O mais importante aqui é chamar a atenção para a consciência que Jesus tinha de que o Reino nele se realizava (cf. Lc 10,23; 4,21; 11,20; Mt 11,5ss), de que com ele chegara o Reino de Deus. A mensagem de Jesus sobre o Reino, bem como os sinais de sua atuação, é inseparável de Jesus de Nazaré. Este vive uma missão que vai muito além da vocação de um *profeta*. Jesus é *portador* da salvação do Reino de Deus, certamente uma pretensão inaudita para qualquer homem, especialmente para o filho de um carpinteiro!

b) Jesus fala com uma autoridade surpreendente (cf. Mc 1,27). No Sermão da Montanha, há uma contraposição entre as palavras de Moisés e as de Jesus (cf. Mt 5,21-48). Este coloca sua palavra acima de Moisés. Quem é Jesus para considerar-se superior a Moisés? Jesus, e não Moisés, é o portador da palavra definitiva de Iahweh, uma pretensão sem dúvida muito forte por parte de Jesus, que só podia soar escandalosamente para os judeus.

c) Mas o comportamento, as atitudes e as opções de Jesus não são menos surpreendentes e provocadoras de escândalo. Já assinalamos que ele se atreve a perdoar pecados, a desmascarar a hipocrisia das interpretações que a Halaká fazia da Torá, a viver uma desconcertante liberdade em relação ao templo, ao sábado e à religião judaica como um todo. Jesus relaciona-se de maneira escandalizante com os marginalizados: come com eles e escolhe pecadores públicos e ignorantes da Lei como discípulos. Convida os pobres e marginalizados de todo tipo a participar do Reino de Deus. Denuncia a mentira e a podridão dos pretensos "justos" etc. Como pode o homem da Galileia, esse Jesus de Nazaré, assumir atitudes tão desconcertantes e fora do "normal"?

d) Jesus exige dos discípulos um seguimento extremamente radical. Trata-se de deixar tudo para segui-lo (cf. Lc 9,23-26; 9,57-62; 14,26...). Viver a salvação do Reino de Deus depende, em resumo, da adesão a Jesus! E seguir Jesus como discípulo é a verdadeira vida, contraposta e superior à vida obediente à Torá!

QUEM É, ENTÃO, JESUS DE NAZARÉ?

Orientação para leitura

Sobre a pretensão de Jesus, cf. KASPER, op. cit., pp. 122-127; SERENTHÀ, op. cit., pp. 118-121.

3

SIGNIFICADO DA MORTE DE JESUS

A extraordinária pretensão de Jesus parece não ter dado certo. Resultou em sua prisão, na tortura e na morte de cruz. Claro está que, em nossa fé cristã, sabemos que o final não é a derrota e o fracasso da morte na cruz, mas a vitória da vida na ressurreição. Em consequência, nossa meditação sobre o significado da morte de Jesus vem iluminada pela fé na ressurreição. E é assim que deve ser. Mas convém prestar atenção para que essa luz não diminua a densidade real, histórica da escuridão, da agonia, da experiência de abandono e de fracasso com a tremenda dor física, vividas por Jesus nas horas transcorridas entre a angústia no horto das Oliveiras e a morte na cruz. Não é preciso repetir a descrição do caminho percorrido por Jesus entre o Getsêmani e o Gólgota. Os evangelistas descrevem muito bem, com um estilo sóbrio e de maneira sumária, os passos mais significativos dessa caminhada. Procuramos aqui apenas analisar o significado da morte de Jesus.

I. Cruz: solidariedade que vence a morte

1. Jesus diante de sua morte violenta

Qual a consciência de Jesus a respeito de sua morte? A esta pergunta, podemos responder com algumas ponderações. A partir da crise da Galileia, Jesus foi percebendo, cada vez mais claramente, que sua morte seria *violenta*. A oposição dos defensores do *status quo* religioso e social foi ficando cada vez mais acirrada. A acusação de *blasfemo* pela qual foi condenado pelo Sinédrio (cf. Mc 14,60-64) vinha de longe. Segundo Marcos, surge já no início de sua vida de pregador (cf. Mc 2,7). Do ponto de vista dos adversários de Jesus, compreende-se facilmente a acusação. O Deus do Reino anunciado por Jesus é muito diferente do Deus dos escribas e fariseus: de um lado, o Deus da misericórdia e do perdão, o Deus que escolhe os marginalizados para fazer parte do Reino e rejeita os "puros" e os "piedosos"; de outro, o Deus da comercialização e da dominação, o Deus que sacraliza estruturas e situações injustas. A pregação de Jesus desestabiliza o sistema religioso e social predominante entre os judeus. Conclusão de seus inimigos: Jesus é um blasfemo e como tal deve ser morto!

Jesus também foi acusado de *agitador político*. Esta acusação era indispensável para obter-se a condenação por parte do poder romano (cf. Lc 23,2-5 e 13-24). E esta foi oficialmente a causa de sua condenação à morte. A inscrição colocada no alto da cruz de Jesus dizia claramente: "Este é Jesus, o rei dos judeus" (Mt 27,37). Vimos, no entanto, que Jesus não pregou uma revolução armada contra a ocupação estrangeira. Certamente, porém, suas atitudes e suas palavras tinham uma forte conotação política. Jesus não foi, contudo, um agitador político, no sentido da denúncia apresentada a Pilatos. Mas seus inimigos perceberam bem que a estabilidade do *status quo* perigava com a atuação e com as palavras daquele galileu. Conclusão: ele deve morrer!

Não deve ter sido difícil para Jesus deduzir que não morreria calma e pacificamente, com muita idade e muitas realizações, rodeado de amigos e discípulos. A tempestade rugia em torno dele, com força cada vez maior.

2. Qual foi a causa da morte de Jesus?

Na Sexta-feira Santa, costumam-se ouvir explicações sobre a morte de Jesus, apresentadas simplesmente como consequência da vontade do Pai. Segundo tais explicações, Deus teria predeterminado a morte sacrifical de Jesus para possibilitar a realização da redenção-salvação da humanidade. Entretanto, são cada vez mais numerosos os cristãos que experimentam um profundo mal-estar diante dessa explicação. Em relação a certas pregações a respeito da morte de Jesus, fica a impressão, às vezes, de que o Deus cristão está sedento de sangue, de que se trata de um Deus violento, cuja ira só se aplaca com o derramamento de sangue. O contraste com o Deus-Ágape, com o Deus--Comunidade, com o Deus que é Amor em si mesmo não pode ser mais gritante.

Contudo, não se pode negar que o Novo Testamento parece confirmar essas interpretações. Com efeito, são vários os textos que falam da "necessidade" do sofrimento e da morte de Jesus: Lc 24,25-26; At 3,18; 1Cor 15,3... A causa da morte de Jesus teria sido a vontade do Pai? Tentaremos, a seguir, responder a esta questão por partes.

Em primeiro lugar, devemos afirmar, com toda clareza, que a morte de Jesus é uma consequência histórica do tipo de vida assumido por ele — messianismo de serviço —, em conformidade com a vontade do Pai. Certamente, Jesus assume e vive a vocação de servidor porque essa é a vontade do Pai. Todavia, a rejeição desse tipo de vida é da responsabilidade de seres humanos concretos. Foi o fechamento, a não aceitação da proposta do Reino de Deus a causa histórica da morte de Jesus.

Em segundo lugar, é muito importante, em toda esta questão, ressaltar bem quem é o Deus revelado por Jesus. Parece que esquecemos com facilidade que não é um Deus violento, mas um Deus de amor, de amor gratuito, que não se impõe pela força, que não violenta, mas que, ao contrário, respeita infinitamente a decisão humana. Só à luz da revelação do Deus-Ágape passamos a compreender um pouco o último porquê do messianismo de serviço vivido por Jesus. Como seria o enviado, o revelador de um Deus-Ágape? Certamente, não seria alguém que violentasse e dominasse os outros. Se Jesus tivesse assumido o caminho do poder dominador — como queria o tentador —, teria deturpado radicalmente a revelação do Deus-Ágape. Ora, uma vez assumido o caminho do serviço, abrem-se diante de Jesus duas possibilidades:

— o povo, com seus dirigentes, aceita a proposta do Reino de Deus vivendo a conversão;

— o povo, com seus dirigentes, rejeita Jesus e sua mensagem.

DEUS-ÁGAPE-JESUS (SERVIDOR) ↗ POVO ACEITA MENSAGEM
↘ POVO REJEITA MENSAGEM (CRUZ)

Sabemos muito bem que, historicamente, foi a segunda possibilidade que se concretizou. E é fácil esquecer que existia a outra possibilidade: a aceitação, que teria evitado a morte de Jesus na cruz. Podemos então fazer novamente a pergunta: em que sentido a cruz de Jesus foi querida pelo Pai? Os teólogos antigos respondiam: *in directo* (diretamente), o Deus-Ágape só podia querer que Jesus fosse aceito com a mensagem do Reino. Entretanto, *in obliquo* (indiretamente), a rejeição e a cruz estão incluídas na vontade de Deus como uma possibilidade real. Dado que o Deus-Ágape não se impõe pela força que violenta, a rejeição de Jesus por parte do ser humano é totalmente possível.

E uma vez que a rejeição foi a alternativa que se concretizou, os cristãos procuraram, após a Páscoa e Pentecostes, reler os textos do Antigo Testamento que falam do servo sofredor, aplicando-os a Jesus. De fato, depois que este morreu na cruz, a fé cristã, guiada pelo Espírito, encontrou na figura do servo sofredor uma certa compreensão para o escândalo da cruz. Uma vez que Jesus não tinha sido aceito, só restava a segunda possibilidade: a rejeição e a cruz. "Era necessário", "era preciso", são expressões dessa constatação pós-pascal.

3. Será que o sofrimento é mesmo salvador?

Em ambientes cristãos, costuma-se falar frequentemente do valor salvador do sofrimento, com certeza em virtude do significado salvífico atribuído ao sofrimento e à morte de Jesus. Que fomos salvos e remidos pela cruz de Jesus, pelo sangue derramado, pelo seu sofrimento e morte, é uma afirmação fundamentada na fé do Novo Testamento, que perpassa toda a história da Igreja. Entretanto, é uma afirmação que exige uma cuidadosa explicação, pois tem dado margem a interpretações bem distintas do sentido originário.

O sofrimento, considerado em si mesmo, não é salvador. A cruz, sozinha, nada tem de salvadora. A cruz pela cruz não passa de uma maldição. Salvadora é a vida toda de Jesus. E a razão é simples: a vida de Jesus constitui a superação do pecado, da situação de não salvação. Pecado e não salvação consistem na ruptura da relação com Deus, que implica o desenvolvimento de relações de dominação entre os seres humanos, de um relacionamento irresponsável perante o meio ambiente e de relações mentirosas com o próprio ser interior. A salvação, entendida como superação do pecado e como saída da situação de não salvação, consiste no contrário, isto é, na abertura ao dom de Deus, no diálogo entre os seres humanos, na responsabilidade assumida em relação ao mundo da natureza e na sinceridade no encontro com a própria verdade interior. Assim foi a vida de Jesus de Nazaré, uma vida radicalmente contrária ao pecado. Em conclusão, a vida vivida por Jesus foi uma vida salvadora.

Podemos então entender melhor por que a cruz não tem valor salvífico, considerada em si mesma. A cruz passou a ser salvadora por causa da *vida* de Jesus. A cruz é salvadora porque constitui o resumo e a radicalização máxima da *entrega* de Jesus, vivida durante toda a sua vida. Na adoração da cruz, durante a Sexta-feira Santa, não é a ela sozinha que devemos adorar (o que seria idolatria). Adoramos o imenso amor de Deus, manifestado na entrega de Jesus, no amor--serviço, no amor e na obediência vividos até a morte na cruz. "Ninguém tem maior amor do que aquele que dá a vida por seus amigos" (Jo 15,13).

Sofrimento e cruz, em si mesmos, não têm capacidade para salvar, para restabelecer a harmonia entre pessoas ou entre o ser humano e Deus. Um exemplo simples: dois amigos desentendem-se e um deles acaba ferindo o outro com certa gravidade. O ferido é levado ao hospital. O agressor poderá passar dias e dias jejuando ou impondo-se pesadas penitências, de vários tipos. Este sofrimento, todavia, não será capaz de restabelecer a harmonia e a amizade. Serão indispensáveis o pedido de perdão (além de pagar a conta do hospital!) e a mudança na qualidade das relações para com a pessoa ferida. Quer dizer, o agressor tentará respeitar a pessoa do outro agredido, aceitando-a de modo diferente. Procurará viver a dedicação e o serviço, em vez de deixar-se levar pela agressividade, pela vontade de impor a própria vontade etc. Sem o pedido sincero de perdão e sem a mudança de atitudes não é possível, pois, a reconciliação, por maior que possa ser o sofrimento do agressor.

4. A necessária perplexidade diante da cruz de Jesus

Será que nós, hoje, não experimentamos uma sensação de perplexidade diante da cruz de Jesus? Isto seria muito bom, pois o ficar desconcertado, perplexo e até escandalizado diante da cruz de Jesus faz parte da fé cristã. Sabemos que a cruz se tornou um símbolo fundamental do cristão, o que é justo, dado que ela constitui a expressão máxima da entrega e do amor de Jesus. Em virtude da rejeição humana, a cruz acabou por ser a única alternativa deixada ao enviado de um Deus-Ágape, de um Deus não violento. Isto é algo que deveria ser repetido na catequese, na pregação..., a fim de evitar a banalização da cruz de Jesus. Estamos acostumados, desde crianças, a ouvir falar que Jesus morreu na cruz para nos salvar e, infelizmente, podemos acabar achando essa morte normal e natural. É importantíssimo situar a cruz de Jesus no dinamismo do acontecimento histórico que a tornou possível. Vista em seu real contexto histórico, a cruz suscita uma reação de estupor e de escândalo. Foi o que experimentaram brutalmente os discípulos: abandonaram Jesus, fugiram dominados pelo medo e ficaram profundamente desiludidos (cf. Mc 14,50; Lc 24,13ss).

Há uma dimensão de escândalo na cruz de Jesus que não foi eliminada pela ressurreição. O apóstolo Paulo é muito incisivo a esse respeito, ao falar de "loucura" e de "escândalo" da cruz (cf. 1Cor 1,17ss). E as interrogações suscitadas pela cruz de Jesus não se referem unicamente aos judeus e aos gentios. Elas afetam igualmente os cristãos, que também experimentam dificuldades para perceber e assimilar que na cruz se manifestam "o poder e a sabedoria de Deus" (cf. 1Cor 1,24).

Há autores que veem nas diversas frases colocadas pelos evangelistas nos lábios de Jesus, no momento de sua morte, uma tendência para diminuir, nas comunidades cristãs, o impacto da perplexidade suscitada pela morte na cruz. Vale a pena comparar Mc 15,34, Lc 23, 46 e Jo 19,30. O conteúdo é bem diverso em cada uma das frases: parece que a perplexidade e o escândalo vão diminuindo com o passar do tempo. Entretanto, nunca desaparecem nas comunidades do Novo Testamento.[13]

Em que consistem essa perplexidade e esse escândalo? Vejamos: já é difícil aceitar a realidade do amor de Deus para com a criatura humana. Quem é o ser humano para que Deus o cumule de bens? —

---

[13] Sobre o tema do escândalo diante da cruz de Jesus, cf. SOBRINO, op. cit., pp 196-198 e 202-206.

pergunta o Salmo 8. Ora, a cruz de Jesus proclama algo muito mais inaudito e incrível: Deus nos ama a ponto de nos entregar o próprio Filho (cf. Jo 3,16). Por que Deus nos ama dessa maneira? Por que nos entrega o Filho amado? Por que não manifesta seu amor de maneira mais "normal"? Estas e outras questões semelhantes não deveriam ser deixadas de lado pelo cristão, como se a morte de Jesus na cruz fosse algo "natural", "um fato tranquilo", "algo que devia acontecer assim" etc. Esta visão pacífica e sem questionamentos a respeito da cruz e da morte de Jesus desenvolve-se, principalmente, porque a cruz é considerada independente da vida vivida por Jesus de Nazaré, de suas atitudes, de seu comportamento, de suas opções prioritárias..., quer dizer, de sua história concreta. Quando se realiza essa separação entre a cruz e a vida de Jesus, a relação do crente com a cruz pode facilmente levar à vivência de uma religião que valoriza o sofrimento pelo sofrimento, esquecendo que cada cristão — e as comunidades — é chamado a viver o seguimento de Jesus. É verdade que este seguimento, num mundo que se fecha à interpelação do Reino, comporta a perseguição e o sofrimento (cruz). Contudo, a ênfase é colocada no seguimento e não no sofrimento. A fé cristã proclama a Boa-Nova da chegada do Reino de Deus, acentuando prioritariamente a alegre realidade do dom de Deus, a realidade libertadora do amor do Deus da vida e da liberdade. O cristão não anda pela vida procurando o sofrimento, mas se compromete na luta para ajudar a superá-lo. Quando isto não ocorre, o cristão procura assumi-lo, como Jesus de Nazaré, vivendo-o como expressão do amor-serviço.[14]

---

[14] Sobre as atitudes do cristão em relação ao sofrimento, cf. GARCIA RUBIO, op. cit., pp. 665-675.

5. Como se revela Deus na cruz de Jesus?

Esta questão não pode ser deixada de lado, depois das reflexões anteriores. Com efeito, a cruz de Jesus está a exigir uma profunda revisão das imagens que fazemos de Deus. A fé cristã, enraizada no Novo Testamento, confessa que, nesse Jesus que vive o messianismo de serviço e acaba crucificado, encontramos o próprio Deus feito homem. Confessa também que esse Jesus é a revelação de Deus, numa existência humana, ou melhor, é o próprio Deus feito realmente limitação humana (cf. Jo 1,14). Em consequência, devemos reconhecer que, na cruz de Jesus, ocorre uma revelação de Deus. Mas é uma revelação, convém repetir, que nos deixa muito perplexos. Como poderíamos resumir os traços principais dessa revelação da imagem de Deus?

Primeiramente, o Deus revelado na cruz de Jesus não pode ser considerado um Deus impassível e apático, no sentido estoico. Ao contrário, é um Deus-Ágape que se faz homem, e homem servidor. E como expressará o Deus-Ágape seu amor na história humana de sofrimentos, miséria, injustiças..., sem ser "atingido" por essa realidade? O amor, conforme nossa limitada percepção, não implica também a vivência da compaixão, bem como a partilha da dor dos amigos? Será que essa vivência pode ser considerada uma imperfeição? A imperfeição não estará, ao contrário, na indiferença e na ausência de compaixão? Este é um ponto importantíssimo na revisão de nossa imagem de Deus. Se aceitamos, com o Novo Testamento, que Deus se revela também na cruz de Jesus, teremos de reconhecer que esta revelação aponta para uma direção bem diferente daquela apresentada pelas filosofias em sua reflexão sobre Deus.

Em segundo lugar, o Deus revelado na cruz de Jesus é um *Deus solidário* com o sofrimento de cada ser humano, um Deus que assume o sofrimento e a morte de Jesus e, inseparavelmente, o sofrimento e a morte de todos os seres humanos. É um Deus que não está fora ou à margem do sofrimento e do mal existentes na história humana, um Deus que vence o mal, não mediante discursos dirigidos aos que sofrem, mas assumindo-o de acordo com o próprio interior da negatividade da história. É um Deus, enfim, que vence o sofrimento e o mal, assumindo-os mediante Jesus Cristo, com uma solidariedade e um amor que visam a transformar a situação negativa em que o outro (outros) se encontra, um Deus que, nessa solidariedade e nesse amor transformadores, abre um futuro novo, tornando possível, de fato, a esperança.

Podemos agora compreender melhor por que o marginalizado, o empobrecido, aquele que não tem valor social..., precisamente ele (ou ela) constitui a mediação privilegiada do Reino de Deus. Nele está presente, de forma oculta, o revelador do Reino, o Filho do Homem (cf. Mt 25,31ss), a interpelação viva do Reino de Deus.

Para reflexão pessoal e comunitária

1. Como podemos ajudar nossas comunidades a unir inseparavelmente a cruz de Jesus à vida dele (opções, tensões, atitudes etc.) e à sua ressurreição? Como ajudar na percepção de que o sentido da cruz se encontra na vida toda de Jesus, bem como na ressurreição?

2. Uma atenção toda especial deveria ser dada à revisão da celebração da Eucaristia. Bem sabemos que

nela se atualiza, sacramentalmente, o mistério pascal, mas convém ressaltar que essa atualização deve estar sempre unida ao significado da vida toda de Jesus de Nazaré. E deveria estar vinculada também ao amor-serviço da comunidade atual.

Orientação para leitura

a) Sobre o conflito vivido por Jesus nos seus últimos dias, cf. GNILKA, op. cit., pp. 247-266. Sobre o processo e execução de Jesus, cf. ibid., pp. 267-291.

b) Sobre a interpretação da Paixão, feita pelo próprio Jesus, cf. JEREMIAS, op. cit., pp. 418-452; FABRIS, op. cit., pp. 219-242.

c) Sobre o significado da morte de Jesus, cf. SOBRINO, op. cit., pp. 191-244; FORTE, op. cit., pp. 277-301; KASPER, op. cit., pp. 138-150; DUQUOC, Ch. *Cristologia. Ensaio dogmático II. O messias*. São Paulo, Loyola, 1980. pp. 16-62.

4

SIGNIFICADO DA RESSURREIÇÃO DE JESUS

A cruz poderia parecer o fracasso total da pretensão de Jesus de Nazaré: na hora da verdade, ele ficou sozinho; até o Pai parece tê-lo abandonado. Teria acabado aí a causa de Jesus?

Contrariamente ao que se poderia concluir diante do crucificado, sua causa não acabou. Bem sabemos que ela se desenvolveu de maneira extraordinária, contra todas as expectativas. Conforme o testemunho unânime de todos os escritos do Novo Testamento, o motivo da retomada — bem mais forte do que antes — da causa "perdida" de Jesus é a *ressurreição* (cf. At 2,36; 1Cor 15,14-15...). E já assinalamos, na primeira parte deste trabalho, que só a partir da ressurreição se pode falar de uma fé explícita em Jesus Cristo. Ressaltamos igualmente que a reflexão cristológica tem como ponto de partida a morte-ressurreição.[1]

Nesta quarta parte serão abordados dois temas básicos. Primeiramente examinaremos, de modo bem sintético, como a ressurreição de Jesus é testemunhada pelo Novo Testamento. Muitas dificuldades podem

---
[1] Cf. supra, primeira parte, II.

surgir de uma deficiente compreensão da apresentação que o Novo Testamento faz da ressurreição de Jesus. Em segundo lugar, apresentaremos, também de maneira bem sucinta, o conteúdo teológico dessa ressurreição, sem esquecer a interpelação que ela contém para a nossa vida cristã atual e para a caminhada das comunidades eclesiais.

I. O testemunho da ressurreição de Jesus no Novo Testamento

1. Como é apresentada, no Novo Testamento, a fé na ressurreição de Jesus

A fé na ressurreição de Jesus é mostrada, no Novo Testamento, de três maneiras fundamentais:

a) *Mediante confissões ou fórmulas de fé* — O texto de 1Cor 15,3-5 constitui um bom exemplo. Trata-se de uma confissão de fé pré-paulina, recebida por Paulo da comunidade primitiva palestinense. É uma confissão que nos situa nos extratos mais antigos do Novo Testamento. Outros exemplos de confissões ou fórmulas de fé, também muito antigos, encontram-se em Rm 1,3-4; 10,9; At 2,23-24... Essas confissões ou fórmulas de fé, desenvolvidas provavelmente em ambiente litúrgico, constituem um resumo da pregação primitiva, do *kerigma* pascal (anúncio da morte-ressurreição de Jesus Cristo, dimensão central da salvação). E como é que os discípulos ficam sabendo que Jesus está vivo, ressuscitado? A resposta do Novo Testamento é clara: da ressurreição eles só têm notícia mediante as "aparições". Nada se afirma a respeito de como teria ocorrido a ressurreição.

b) *Mediante testemunhas que afirmam a realidade da ressurreição* (cf., por exemplo, At 10,40-42). Na fórmula já citada de 1Cor 15,3-5 estão incluídas as aparições a Pedro e, posteriormente, aos Doze. Paulo acrescenta em seguida outras testemunhas (cf. 1Cor 15,6-8): são pessoas conhecidas que podem ser interrogadas sobre o seu testemunho. Também Paulo é testemunha, posto que foi destinatário de uma aparição. Nestes textos, tampouco se afirma algo a respeito de como ocorreu a ressurreição.

c) *Mediante relatos evangélicos sobre o ressuscitado* (cf. Mc 16,1-8; Mt 28,1-20; Lc 24,1-53; Jo 20,1-21-23). Estas narrativas apresentam lacunas e divergências de grande importância, quando comparadas entre si. Um exemplo: para Marcos e Mateus, as aparições realizaram-se na Galileia (Mc 16,7; Mt 28,7.10), enquanto, para Lucas, elas teriam acontecido em Jerusalém (cf. Lc 24). Outro exemplo: no evangelho de Lucas, as aparições ocorreram num único dia; no evangelho de João, realizaram-se durante uma semana; e, finalmente, nos Atos dos Apóstolos, durante quarenta dias. Acrescente-se ainda que os relatos só coincidem parcialmente na apresentação das testemunhas. Tudo isto parece indicar que, antes da redação final, que chegou até nós, existiam diversas correntes na tradição pascal (assim, por exemplo, uma corrente situava as aparições na Galileia; outra, em Jerusalém).

Sabemos hoje que os *relatos pascais* constituem um gênero literário próprio. Evidentemente, é mister conhecê-lo, a fim de que não se deturpe a importante mensagem que os relatos contêm. Vejamos: os relatos pascais têm como objetivo básico afirmar a *realidade* da ressurreição. Querem evitar a tentação de "espiritualizá-la". Jesus, integralmente considerado, está vivo. Daí a insistência em ressaltar a realidade corpórea da ressurreição. Jesus ressuscitado não é um espírito desencarnado (cf. Lc 24,37-39): ele conversa, come etc., justamente para demonstrar a dimensão corpórea existente na vida nova do ressuscitado. Este é o mesmo que foi crucificado: a identidade entre os dois é sublinhada pelo relato que chama a atenção para o lugar das chagas no ressuscitado (cf. Jo 20,24-29).

Por que esta insistência na dimensão corpórea da ressurreição? Existe uma importante motivação teológico-pastoral. Com efeito, no último quartel do século I, surge e desenvolve-se uma heresia conhecida como docetismo: trata-se de uma interpretação dualista de Jesus Cristo e da salvação cristã. Uma vez que se desprezava a matéria como intrinsecamente má, Deus não poderia ter-se encarnado de verdade. Em consequência, a corporeidade de Jesus Cristo seria apenas aparente ou fantasmagórica. Nesta perspectiva, é claro que não se pode falar de uma ressurreição real do corpo.

Para evitar o adentramento na Igreja dessa interpretação que deturpa a própria essência da fé cristológica, os relatos pascais insistem na realidade da presença do corpo no ressuscitado. Não obstante, é importante notar que se trata de uma corporeidade não vinculada ao nosso tempo e ao nosso espaço: Jesus entra e sai com a porta fechada, translada-se de um lugar para outro instantaneamente etc.

O esquema teológico, próprio dos relatos pascais, visa a mostrar também qual é o caminho para chegar-se à fé em Jesus Cristo morto e ressuscitado. Esta finalidade aparece particularmente clara em Lc 24,13-35: os discípulos de Emaús chegam à fé pela compreensão da palavra da Sagrada Escritura e pela Eucaristia. Palavra e sacramento, mutuamente relacionados, formam a mediação para o acesso a Jesus, válida para todo cristão.

2. As aparições, fundamento da fé na ressurreição

A origem e o fundamento da fé na ressurreição encontram-se nas aparições. Mas o que será que o Novo Testamento quer dizer quando afirma que o ressuscitado "apareceu"? O termo grego "osté" (apareceu) é utilizado por Paulo e por Lucas para designar as aparições (cf. 1Cor 15,3-8; Lc 24,34; At 9,17; 13,31...). Este termo tem um significado teológico muito especial. Trata-se de um vocábulo utilizado pela versão dos Setenta (LXX — tradução da Bíblia hebraica para o grego), precisamente para descrever a revelação de Deus (cf. Ex 3,2.16; 6,3; 16,7-10; Is 40,5...). "Osté" significa ação reveladora de Deus. As aparições do ressuscitado constituem, pois, a revelação de Deus às testemunhas. Deus revela que aquele Jesus, morto, está agora plenamente vivo. A fé pascal encontra sua origem nas aparições, isto é, na revelação de Deus. Este comunica às testemunhas que Jesus de Nazaré está vivo, plenamente vivo. É fácil, assim, perceber que as aparições constituem uma experiência de fé. Entretanto, não é a fé que cria o ressuscitado. Ao contrário, a revelação de Deus a respeito do ressuscitado é que constitui a origem e o fundamento da fé. Neste sentido teológico, aparições nada têm a ver com "visões" ou "sonhos".

Qual é, então, o papel do sepulcro vazio na fundamentação da fé na ressurreição de Jesus? A resposta deve ser dada sem ambiguidades: a fé na ressurreição não se fundamenta no sepulcro vazio. É fácil deduzir que o fato de alguém encontrar o sepulcro vazio é suscetível a várias interpretações: o corpo foi colocado em outro lugar, foi roubado etc. (cf. Mt 28,13; Jo 20,13). Os próprios relatos pascais não o apresentam como argumento para fundamentar a fé na ressurreição. Mas, uma vez aceita a realidade da ressurreição, por causa das aparições, o sepulcro vazio passa a ser visto como sinal de que Jesus ressuscitou.

3. A ressurreição é um fato histórico?

Numerosos são os cristãos que hoje levantam esta questão. A resposta depende do que se entende por fato histórico. Trata-se, portanto, de uma resposta que merece ser convenientemente ponderada.

Primeiramente, a ressurreição de Jesus não é uma volta atrás, um retorno à situação anterior à morte. Na ressurreição, Jesus não é restituído a esta nossa vida atual, submetida ao tempo e ao espaço. Não se trata da revivificação de um cadáver, como teria ocorrido no caso de Lázaro (cf. Jo 11). Na ressurreição, superando a morte real do homem, Deus cria uma nova vida, original e incompreensível, segundo nossa experiência atual, uma vida nova não sujeita às leis do nosso viver. Assim, da vida nova do ressuscitado só é possível falar mediante imagens e analogias. Pode-se afirmar que, na ressurreição, Jesus adentra numa "nova dimensão". De fato, os evangelhos não descrevem a ressurreição. O que sabemos dela é fruto da revelação de Deus manifestada no ressuscitado.

Após estas premissas, concluímos que a ressurreição não pode ser objeto de investigação histórico-científica. E como poderia, uma vez que se trata de um acontecimento que não entra nas coordenadas espaço-temporais de nossa história e de nosso mundo? A ressurreição não pode ser objeto de uma análise histórica como os fatos da vida e da morte de Jesus. Certamente não podemos *provar* cientificamente a ressurreição de Jesus. Da mesma forma, não é possível provar que *não houve* ressurreição. Todavia, aceito o testemunho do Novo Testamento, afirmamos que se trata de um *acontecimento real*, mas meta-histórico. Convém insistir, porém, que o ressuscitado não pertence mais a este mundo e assim não pode ser percebido a partir de nossa dimensão atual. Ele faz parte da dimensão *escatológica* e a ele só podemos ter acesso na medida em que se manifestar, quer dizer, na medida em que Deus o revelar. Assim, conforme o Novo Testamento, temos acesso a ele mediante as *aparições* e mediante o testemunho daqueles que "viram" o ressuscitado.

Finalmente, não será supérfluo lembrar que temos razões sólidas para crer na veracidade das testemunhas. Eis algumas delas:

— Os discípulos não contavam com as aparições;

— A fé inicial pré-pascal sucumbiu diante da cruz de Jesus;

— Paulo foi perseguidor dos cristãos;

— Todas as testemunhas viveram a mesma experiência, em lugares e tempos diversos; todas "viram" o Senhor ressuscitado;

— A experiência pascal mudou radicalmente a vida dos discípulos.

Orientação para leitura

Sobre a maneira como vem apresentada no Novo Testamento a fé na ressurreição de Jesus, cf. GOPPELT, *Teologia do Novo Testamento*, pp. 236-253; JEREMIAS, op. cit., pp. 453-469; FABRIS, op, cit., pp. 287-319.

II. Explicitação do conteúdo da fé na ressurreição de Jesus

1. Dimensão escatológica

A ressurreição de Jesus, conforme o apóstolo Paulo, deve ser compreendida na perspectiva da esperança judaica na ressurreição dos mortos. Situando-se nessa perspectiva, Paulo vê na ressurreição de Jesus o início da plenitude final: começou a ressurreição dos mortos! Na ressurreição de Jesus, estão as *primícias* da ressurreição dos mortos (cf. 1Cor 15,20-26). Em consequência, afirma a Epístola aos Hebreus, ele é o único mediador-sacerdote (cf. Hb 8,2; 9,11-12...). Outras mediações só têm sentido cristão na medida em que apontam para o único mediador, o único acesso ao Pai, Jesus Cristo.

A ressurreição constitui, já para Jesus, a plenitude do Reino de Deus. E, para nós, é o fundamento de nossa esperança, que nada tem a ver com alienação ou passividade. Ao contrário, trata-se de uma esperança vivida no oferecimento de si próprio ao Pai e na entrega aos irmãos, como fez Jesus. Este é o caminho que conduz à participação da plenitude do Reino de Deus.

2. Dimensão salvífica

A dimensão escatológica não pode ser separada da dimensão salvífica. A Boa-Nova do anúncio libertador do Reino de Deus fundamenta-se na ressurreição (cf. 1Cor 15,14-18). De fato, a ressurreição é o alicerce de nossa esperança na participação plena do Reino de Deus, mas, simultaneamente, está já atuando no tempo e na história de hoje. O poder salvífico da ressurreição já é uma realidade neste nosso mundo. O novo homem e a nova mulher começam a existir no presente. O novo consiste na libertação para viver a liberdade no amor-serviço. Examinemos então mais de perto como Paulo concretiza o significado dessa libertação.

a) *Libertação do pecado* (Rm 6,11.18-23) — Paulo não está tratando das transgressões (plural), mas do pecado (singular), isto é, do fechamento nas próprias obras e na própria segurança (atitude farisaica);[2] do pecado, entendido como atitude profunda que leva a solidarizar-se com o mal; do pecado, que é causa das transgressões e que não pode ser superado apenas com a mudança de estruturas. É precisamente esse pecado que se encontra na raiz das estruturas desumanizantes e opressoras.[3] Do pecado, assim entendido, somos libertados pela eficácia da ressurreição de Jesus. Supera-se desse modo a escravidão, sendo possível agora viver a liberdade para o Pai e para os irmãos e irmãs.

---

[2] Sobre a atitude farisaica, cf. supra, segunda parte, V.6.

[3] De maneira alguma pretendemos aqui negar a necessidade e a urgência de transformação das estruturas injustas. Todavia, é preciso afirmar claramente que, na perspectiva cristã, a mudança das estruturas, sozinha, não pode libertar o homem desse fechamento radical, chamado por Paulo de pecado.

b) *Libertação da lei* (Rm 7,6ss) — Lembremo-nos do legalismo escravizador, próprio da atitude farisaica. Pois bem, na ressurreição é derrotado esse legalismo, triunfando a abertura comunitária. De acordo com a linguagem paulina, o homem é transformado de "psíquico" em "espiritual" (cf. 1Cor 15,44). O homem "psíquico" procura só o próprio interesse e fecha-se ao comunitário. Em virtude de interesses frequentemente contrastantes, a vida comunitária é fonte de conflitos e desentendimentos. Sabemos que a lei foi inventada para facilitar a convivência comunitária. Entretanto, a história mostra que a lei se converte com muita facilidade em força de dominação de um grupo sobre outros, de uma classe sobre outra... Quer dizer, a lei acaba se tornando "força de pecado" (cf. 1Cor 15,56). O "corpo espiritual", ao contrário, tende à universalização superadora do fechamento. De fato, Jesus ressuscitado — afirma Paulo — é Espírito (cf. 2Cor 3,17), quer dizer, ele vive uma existência radicalmente comunitária e vivificadora. A ressurreição de Jesus liberta da escravidão da lei: podemos agora viver algo da abertura e da comunhão com Deus, com os outros seres humanos e com o meio ambiente. Podemos, enfim, viver a experiência comunitária. Quanto mais atuante for a graça do ressuscitado numa comunidade, menos necessária será a lei. E, quando a vivência da graça é fraca, torna-se mais necessária a presença da lei.

c) *Libertação da morte:* "Porque o salário do pecado é a morte"(Rm 6,23) — A escravidão manifesta-se de maneira muito especial na morte. De fato, a morte é "o último inimigo" (1Cor 15,26). Diante da realidade da morte, que sentido tem nossa vida, com todas as suas lutas, amores, fracassos, vitórias, omissões e compromissos? Esta pergunta ecoa em cada coração humano, desde a mais remota noite dos tempos.

Pois bem, a eficácia da graça da ressurreição liberta-nos da angústia paralisante diante da ameaça da morte. Claro está que não se trata de fazer da ressurreição um dado intra-histórico que facilite as coisas para o crente. Para o cristão, assim como para todo ser humano, permanece o risco histórico, bem como a possibilidade do fracasso, da não concretização dos frutos ou dos objetivos esperados. Entretanto, a ressurreição de Jesus Cristo dá-nos a confiança e a convicção de que nosso esforço, nossos compromissos e nossa "fadiga não são vãos no Senhor" (1Cor 15,58).

3. Dimensão cristológica

Mediante a ressurreição, Deus confirma o valor da vida, das atitudes, das opções, do comportamento, da mensagem e da morte de Jesus. Fica revelada a verdadeira realidade de Jesus e de seu messianismo. É superada e eliminada toda ambiguidade que poderia existir a respeito do sentido de sua vida e de sua morte. Jesus tinha razão em tudo quanto fez e falou, proclama a ressurreição.

Com a ressurreição acaba a existência "segundo a carne" e se inicia a existência "segundo o Espírito". Termina a etapa de serviço, vivida na fragilidade e na ocultação, e começa a etapa de glorificação (cf. Rm 1,4). Este novo modo de existência é denominado também pelo Novo Testamento de "exaltação", "elevação" ou "entronização" (cf. Ef 4,8; 1Cor 15,25; Fl 2,9-11...).

4. Dimensão teológica

Na cruz de Jesus, conforme foi assinalado na terceira parte deste trabalho, Deus revela-se *solidário* com o sofrimento humano. É uma solidariedade que transforma a situação negativa em que a pessoa se encontra. Na ressurreição, revela-se o poder de Deus sobre a morte (cf. Rm 4,24). E Deus é revelado como Deus da vida, que vence não apenas o caos (primeira criação), mas também a morte de Jesus, fruto do mal e da injustiça.

Esta revelação do Deus da vida na ressurreição é inseparável da revelação, na cruz de Jesus, do Deus solidário. A afirmação de que Deus é Ágape inclui tanto a cruz quanto a ressurreição. "Sem a ressurreição, o amor não seria o autêntico poder; sem a cruz, o poder não seria amor."[4]

5. Significado da ascensão

No evangelho de Lucas e nos Atos dos Apóstolos, a exaltação de Jesus é apresentada como ascensão ao céu, no final das aparições pascais (cf. Lc 24,51; At 1,9). Trata-se de uma maneira intuitiva de apresentar a glorificação de Jesus. Em At 1,3 se diz que Jesus apareceu aos discípulos durante quarenta dias. Estes dias unem a ressurreição à missão da Igreja. Com efeito, é no final desse tempo, especialmente denso e rico em comunicação da graça de Deus, mediante o ressuscitado, que se situa a ascensão. Trata-se da última aparição pascal, em conexão com o envio missionário. A mensagem é clara: acabaram-se as aparições; começa

---

[4] Sobrino, J. Cristologia a partir da América Latina. Petrópolis, Vozes, 1983. p. 272.

agora o tempo do testemunho eclesial, o tempo de Igreja. Doravante, serão os discípulos as testemunhas do ressuscitado. E todos aqueles que acreditarem no seu testemunho tornar-se-ão, por sua vez, testemunhas, de geração em geração. O discípulo não deve, assim ficar "olhando" para o céu, passivamente. Ele é chamado a viver o dinamismo missionário.

6. "Ao terceiro dia" (cf. 1Cor 15,4)

É uma indicação de que foi breve o lapso de tempo entre a morte e a ressurreição. Jesus não fica abandonado pelo Pai: logo é ressuscitado dos mortos.

7. "Segundo as Escrituras" (cf. 1Cor 15,4)

Esta expressão quer ressaltar, sem maiores precisões, que a ressurreição se realiza em conformidade com o plano salvífico de Deus, já apontado no Antigo Testamento.

8. "Desceu à mansão dos mortos"

Esta afirmação faz parte do símbolo de fé que recitamos aos domingos na celebração da Eucaristia. A frase, tomada do Antigo Testamento, significa, primeiramente, que Jesus realmente morreu. Sua morte não foi aparente. Dizer que alguém desceu ao "sheol" (morada dos mortos) equivale, simplesmente, a afirmar que a pessoa morreu. No estranho texto de 1Pd 3,18-20, a expressão tem um significado teológico próprio: constitui uma confissão da total universalidade da salvação obtida por Jesus Cristo. Afirma-se, no texto, que se trata de uma salvação que atua em todos os tempos e em todas as latitudes, até mesmo nas profundezas da morada dos mortos! Isto quer dizer que ninguém está excluído da graça da salvação de Cristo. A eficácia dessa salvação estende-se também a todos aqueles que morreram antes de Jesus.

9. Significado da ressurreição de Jesus na vida cristã e na vida das comunidades

A ressurreição mostra a cruz como caminho para a vida. Não a cruz pela cruz, mas a cruz em conexão com a vida toda de Jesus, na etapa de serviço.

Assinalamos, anteriormente, que a ressurreição de Jesus possui uma dimensão fortemente escatológica não só para ele próprio, mas também para nós. A ressurreição, como vimos, é o fundamento de nossa esperança. Entretanto, para que essa esperança seja realmente cristã, é indispensável levar a sério a cruz de Jesus, sempre unida ao significado de sua vida. Cruz e ressurreição são dois momentos inseparáveis da realidade única que é o mistério pascal. São também dois momentos indissociáveis da vivência cristã. Para poder viver a experiência pascal, o cristão é chamado a estar com os outros seres humanos, vivendo agora o amor-serviço (o caminho percorrido por Jesus) e a solidariedade concreta (cruz); atuando agora neste nosso mundo marcado por uma profunda ambiguidade, onde a injustiça, a vontade de poder e a dominação estão fortemente presentes (dentro e fora de nós), mas também onde os sinais do Reino de Deus vão se desenvolvendo e alimentando a esperança; vivendo agora o amor-serviço e a solidariedade que visam a transformar o negativo — ao utilizar as mediações possíveis —, com a firme convicção de que a última palavra é a da vida, da libertação e do amor.

Nesta perspectiva, compreende-se melhor o significado da afirmação paulina, segundo a qual é preciso completar em nossa vida o que falta às tribulações de Cristo (cf. Cl 1,24). Evidentemente, nada falta à entrega salvadora de Jesus Cristo. A "redenção objetiva", conforme a linguagem utilizada pela teologia clássica, é completa e perfeita. Mas a graça salvífica não violenta nem se impõe pela força. Ela deve ser aceita como *dom* e, simultaneamente, como *tarefa*. A redenção possui uma dimensão subjetiva: a aceitação da graça e a vivência do compromisso que ela implica. Em resumo, a tarefa ou compromisso consiste no seguimento de Jesus, com todas as suas consequências. Sem a vivência do amor-serviço concreto, sem a solidariedade para com aquele que sofre, a fé na ressurreição e sua celebração litúrgica podem facilmente tornar-se uma ideologia de fuga. Podemos então concluir: é a cruz (unida à vida) que torna cristã a ressurreição e esta, por sua vez, faz com que a cruz seja cristã.[5]

10. Jesus, morto e ressuscitado, é a realização do Reino de Deus

Uma vez que, em vida, Jesus foi rejeitado e, com ele, também o anúncio da chegada do Reino de Deus, este só se realizou com a morte e a ressurreição de Cristo. Em consequência, a Igreja primitiva, fundamentada na experiência da Páscoa e de Pentecostes, percebeu claramente que anunciar Jesus era equivalente a anunciar o Reino de Deus. E aceitar Cristo e o convite para seu seguimento passou a ser a maneira concreta de vivenciar a proposta do Reino de Deus, no coração desta história feita de ambiguidades. É verdade que a Igreja está a serviço do anúncio e da

---

[5] Cf. ibid., pp. 239-244.

realização dos sinais do Reino de Deus, assumindo o risco da perseguição e até do martírio. Entretanto, impulsionada pelo Espírito, ela tem consciência de que é fiel ao serviço do Reino de Deus, na medida em que vive, de fato, o seguimento de Jesus Cristo, com todas as suas implicações.

Para reflexão pessoal e comunitária

1. Examinar como é realizada, na pastoral, a articulação entre o Cristo glorificado e o Jesus crucificado. E como ocorre a articulação entre o Cristo glorificado e o Jesus que viveu o messianismo de serviço?

2. Apontar as implicações que traz para a vida do cristão e das comunidades a união inseparável existente entre a vida, a morte e a ressurreição de Jesus Cristo.

Orientação para leitura

Entre os textos básicos para aprofundar o significado da ressurreição de Jesus Cristo, cf., especialmente: KASPER, W. Jesús, el Cristo. 2. ed. Salamanca, Sígueme, 1978. pp. 151-196; GONZÁLEZ FAUS, J. I. *La humanidad nueva*. Ensayo de cristología. 6. ed. Santander, Sal Terrae, 1984. pp. 137-166; SOBRINO, Cristologia a partir da América Latina, pp. 245-281; SERENTHÀ, M. Jesus Cristo ontem, hoje e sempre. Ensaio de cristologia. São Paulo, Salesiana Dom Bosco, 1986. pp. 383-422; BOFF, L. A ressurreição de Cristo. A nossa ressurreição na morte. Petrópolis, Vozes, 1972.

5

QUEM É, ENTÃO, JESUS DE NAZARÉ?

Esta pergunta reapareceu, por vezes, ao longo do caminho percorrido no seguimento dos principais passos da vida de Jesus. E esse caminho levou-nos até o desfecho da morte e da ressurreição. Constatamos o quanto foi grande, até mesmo extraordinária, a pretensão de Jesus, como essa pretensão pareceu fracassar por completo (cruz) e também como, graças à ressurreição, foi aceita e confirmada pelo Deus da vida. Fundamentados na experiência pascal e guiados pelo Espírito de Pentecostes, podemos agora responder à pergunta sobre a identidade desse Jesus, cuja companhia fomos aprendendo a amar. Seguimos, assim, o itinerário espiritual vivido pelos discípulos de Jesus. E só a partir da experiência pascal, unida inseparavelmente a Pentecostes, é que a fé em Jesus Cristo e o aprofundamento na compreensão de sua identidade foram se desenvolvendo.

As comunidades cristãs do século I e certamente os escritos do Novo Testamento apresentam vários caminhos para uma aproximação da rica e complexa realidade que é Jesus de Nazaré, tentando comunicar, de maneira significativa, o conteúdo de sua fé. Segundo perspectivas diversas e utilizando como mediação elementos tomados do Antigo Testamento, do judaísmo e também do helenismo, as comunidades cristãs procuraram comunicar a extraordinária riqueza da fé em Jesus. Cada uma das expressões ou "títulos" a ele atribuídos apontam para um ou vários aspectos básicos dessa realidade estupenda, desconcertante e poderosamente cativante que é Jesus. A seguir, mostramos algumas expressões ou títulos de maior riqueza teológica.[1]

Finalizando esta última parte, chamamos a atenção para a fidelidade mantida pela Igreja à fé cristológica do Novo Testamento e abordamos quatro questões a respeito de Jesus de Nazaré, aprofundadas pela teologia contemporânea. A apresentação dessas questões e a resposta a elas é importante para o encontro com Jesus Cristo e para a evangelização.

I. Jesus é o Cristo

É muito necessário, hoje, recuperar a importância do messianismo na cristologia, dada a perspectiva pós-moderna. Lembremos algumas das suas características: acentuada desconfiança em relação às utopias e filosofias da história; as verdades vistas apenas como contingentes, fragmentárias, aproximativas; a crise da ciência moderna mecanicista com seu objetivismo; a importância exclusiva atribuída ao momento atual, e o futuro é considerado fechado; a falta de interesse social e político; a juventude desmotivada; o predomínio do consumismo e do individualismo; e, como resultado: angústia, solidão, depressão... E onde fica a esperança?

---

[1] Outro caminho perfeitamente possível para responder à pergunta sobre a identidade de Jesus de Nazaré consiste em estudar os autores do Novo Testamento, examinando a maneira especial como cada um deles apresenta a fé cristológica. É o caminho escolhido, por exemplo, por R. Schnackenburg, Cristologia do Novo Testamento, Mysterium Salutis III/2, Petrópolis, Vozes, 1973.

Convém, assim, ressaltar a relevância da perspectiva messiânica em conexão com a escatologia (dialética de inclusão entre o "já" e o "ainda não") e em conexão, igualmente, com a expectativa messiânica de Jesus Cristo, o Libertador, importante na experiência eclesial na América Latina. Com esse pano de fundo, vamos reler o significado da confissão de fé em Jesus Cristo como o Messias ou Cristo.

A comunidade primitiva palestinense aceitou e proclamou que Jesus é o Cristo. Posteriormente, as comunidades helenísticas utilizaram com muita frequência este título, a ponto de ficar incorporado ao próprio nome de Jesus: *Jesus Cristo*.

1. Messias: ambiguidade de título

Será que Jesus atribuiu a si próprio o título de Messias? Conforme o testemunho dos Evangelhos, Jesus manteve-se reservado e reticente em relação à aplicação desse título. Para compreender bem essa atitude, é preciso lembrar que a expectativa messiânica era bastante ambígua no tempo de Jesus. Vejamos em que consistia essa ambiguidade.

O termo Cristo (em grego "Christós") é a tradução do termo hebraico "Maschiah", que significa ungido. Eram ungidos com óleo os homens encarregados por Iahweh de alguma missão ou tarefa especial em relação ao povo de Israel. Assim, o termo "Maschiah" era aplicado ao rei (cf. 1Sm 26,9; 9,16; 10,1; 24,7 etc.), ao sacerdote (cf. Ex 28,41...) e até a um pagão, como é o caso do rei Ciro (cf. Is 45,1).

A partir da utilização do termo Messias (ungido), como se formou e como se desenvolveu a figura do Messias, entendida como mediador da salvação?

Primeiramente, é preciso notar que a expectativa da vinda salvífica de Iahweh é apresentada no Antigo Testamento mediante a imagem do Rei (cf. Is 24,23; Sl 47,3.7-9; Sl 93; Sl 96; 97; 99...) Ora, no Antigo Testamento, a ação libertadora e salvadora de Iahweh encontra-se frequentemente vinculada à vinda de uma personagem histórica. Como a realeza davídica exercia uma certa fascinação sobre o povo, passou-se paulatinamente a atribuir ao futuro enviado de Deus o prestígio dessa dinastia. O mediador da salvação será visto, assim, como o Messias-rei, ou Filho de Davi (cf. 2Sm 7,12-16; 1Cr 17,11-14; Jr 33,15-17...).

A expectativa da salvação de Iahweh, mediatizada por um homem, aparece também na figura do servo de Iahweh (cf. Is 42,1-7; 49,1-9; 50,4-9; 52,13-53,12), na figura do sacerdote que simultaneamente é rei (cf. Zc 4,11-14) e na figura apocalíptica do Filho do Homem (cf. Dn 7,13). Hoje, os especialistas do Antigo Testamento discutem o caráter messiânico dessas figuras. Mas, como veremos mais adiante, o Novo Testamento aplicará a Jesus esses títulos, dando-lhes um conteúdo próprio.

No tempo de Jesus, a expectativa messiânica assumia diversas modalidades. Parece que predominava a interpretação nacionalista e política da figura do Messias. Havia, porém, outras interpretações: o Messias esperado como mestre da lei, como sumo sacerdote escatológico, como o profeta Elias redivivo, como o Filho de Homem, como servo etc.[2]

Se levarmos em consideração a predominância da interpretação político-nacionalista, será fácil

---

[2] Cf. KASPER, Jesús, el Cristo, p. 129.

compreender a reserva de Jesus em relação à utilização do título de Messias.

2. Messias: aplicação a Jesus

Mas na vida e nas atitudes de Jesus, encontramos indicações que apontam para a realidade de seu messianismo. Como a isto já nos referimos na segunda e na terceira parte deste trabalho, vamos limitar-nos aqui a uma rápida enumeração:

a) o contexto messiânico da pregação de João Batista e a vinculação deste com Jesus;

b) o fundo messiânico tanto do batismo de Jesus quanto da tentação;

c) é verdade que Jesus não afirma ser o Messias, mas tampouco rejeita o título, especialmente quando lhe é dado por doentes e discípulos (cf. Mt 9,27-31; 15,22; 20,30-34...), mas sempre corrigindo seu significado. O messianismo de Jesus não é político-nacionalista. Como vimos, ele assume a vocação de Messias-servidor até as últimas consequências (cf. Mc 8,29-33);

d) o contexto messiânico está também presente no processo promovido contra Jesus (cf. Lc 22,66—23,3).

3. Jesus é o Cristo!

Depois da morte-ressurreição, ficou claro que o título aplicado a Jesus não tinha significação político-nacionalista. A experiência pascal trouxe consigo a superação da possível ambiguidade presente durante a vida do Homem de Nazaré. Acrescente-se que o título Cristo é de fundamental importância para o diálogo com os judeus: Jesus é o esperado, o enviado, o ungido.

O título Cristo mostra assim a íntima relação, a continuidade real existente entre a expectativa do antigo Israel e o novo povo de Deus, a Igreja.

Jesus Cristo! Ele é o esperado não só de Israel, mas de toda a humanidade. Ele é o mediador da salvação de judeus e gentios, realizando, de maneira que excede toda a expectativa, o desejo de salvação-libertação, presente no coração humano. Nas comunidades helênicas, isso é percebido claramente, sem que exista o perigo de interpretações nacionalistas. Cristo logo será o nome próprio de Jesus. E seus discípulos serão chamados de "cristãos".

Para reflexão pessoal e comunitária

A Igreja lembra-nos hoje, continuamente, da prioridade total que deve ser concedida à evangelização, ao anúncio de Jesus Cristo, com toda a riqueza de implicações que tal anúncio leva consigo. O povo católico fica desnorteado, quando não há ou quando é deficiente o encontro vivo com Jesus Cristo. E assim procura outras mediações. Ora, a ausência desse encontro não pode ser substituída com devoções e com outras mediações religiosas. Convém rever, em profundidade, a relação existente entre o universo católico de devoções e o encontro-aceitação de Jesus Cristo e da Boa-Nova que ele proclama e vive.

Orientação para leitura

Existe uma tendência, hoje, para desenvolver toda a cristologia a partir do messianismo. Ver, especialmente: MOLTMANN, J. *O caminho de Jesus Cristo*. 2. ed. Petrópolis, Vozes, 1994.

Sobre o significado do título "Cristo", aplicado a Jesus, cf.: KASPER, Jesús, el Cristo, cit., pp. 128-132; SERENTHÀ, Jesus Cristo ontem, hoje e sempre, cit., pp. 514-518.

II. Jesus é o servo de Iahweh, o homem da substituição-solidariedade

A importância, hoje, dessa confissão de fé salta à vista quando consideramos o predomínio atual do neoliberalismo, com sua ideologia que acentua fortemente o individualismo e uma competição feroz com todas a sequelas de marginalização e de exclusão em assustador crescimento. Nesse contexto, é particularmente necessária a vivência da solidariedade-substituição, que passamos a estudar neste capítulo.

Na teologia atual, W. Kasper é um dos teólogos que mais aprofundou o significado da expressão "Servo de Iahweh", aplicada a Jesus Cristo. As breves indicações sobre este tema, feitas a seguir, fundamentam-se na reflexão desse teólogo.[3]

1. Sofrimento substitutivo no Antigo Testamento

Para compreender o significado da figura misteriosa do servo de Iahweh, convém lembrar que no Antigo Testamento é bastante ressaltada a solidariedade tanto no como no mal, tanto na salvação como na perdição e no castigo. Daí a necessidade que o israelita sentia de romper o vínculo de solidariedade com

---

[3] Cf. ibid., pp. 265-280.

o pecador. Os anátemas e as maldições tinham esse objetivo e possuíam também uma finalidade expiatória. Havia a possibilidade de realizar a expiação de maneira substitutiva. O bode expiatório constituía um exemplo muito conhecido (cf. Lv 16,20-26): carregado com os pecados do povo, o bode era solto no deserto. Realizava-se assim a expiação substitutiva.

Os profetas denunciam a fragilidade dessas modalidades de expiação. Sem uma conversão real, afirmam, são inúteis a expiação e a reconciliação rituais. E qual poderia ser o significado do sofrimento dos justos? — pergunta-se algumas vezes Israel. Um começo de resposta encontra-se nos livros dos Macabeus: o sofrimento, a perseguição e o martírio do justo são interpretados como expiação dos próprios pecados e dos pecados do povo (cf. 2Mc 7,32-33.37-38).

Todavia, é na figura do Servo de Iahweh, sobretudo no Quarto Cântico (cf. Is 52,13-53,12), que aparece muito claramente a ideia de que o sofrimento pode ter uma função de reconciliação e de expiação em substituição a outros. O cântico fala diretamente do sofrimento pelos outros, do servo que substitui os outros.

2. Jesus vive o significado do servo de Iahweh

Não há dúvida de que Jesus viveu toda a sua vida para o Pai, numa entrega filial, e para os irmãos, no amor-serviço e na solidariedade. Não temos certeza se foi o próprio Jesus quem se aplicou o título de Servo de Iahweh ou se lhe foi atribuído pela comunidade cristã. Em ambos os casos, a atribuição foi acertada. De fato, a comunidade cristã primitiva pode muito bem, depois da morte-ressurreição e de Pentecostes, ter feito uma profunda releitura do Antigo Testamento, aplicando a Jesus o conteúdo do Quarto Cântico de Iahweh, o que é perfeitamente legítimo, levando-se em consideração tudo quanto constituiu a vida e a morte de Jesus.

Jesus viveu realmente a substituição-solidariedade. O termo grego "úper" (por, pelo, pelos) ressalta essa dimensão da vida e da morte de Jesus (cf. 1Cor 15,3; 11,24). Três afirmações inseparáveis resumem o rico significado desse termo quando aplicado a Jesus; assim, a entrega de Jesus é feita:

— "por amor a nós;

— em proveito nosso;

— em nosso lugar".[4]

Uma partícula tão pequena com uma significação tão grande!

3. A reconciliação-solidariedade de Jesus

Para avaliar adequadamente a reconciliação (redenção) realizada por Jesus Cristo, é imprescindível entender o significado da substituição-solidariedade, vivida por ele, com toda profundidade e radicalidade. Existe a reconciliação entre Deus e o ser humano, porque alguém, Jesus Cristo, o Filho de Deus que se fez homem servidor, trocou de lugar: ele, que era rico, tornou-se pobre, com o objetivo de que nós — pobres — nos tornássemos ricos (filhos de Deus): 2Cor 8,9; Fl 2,6-11... A reconciliação-redenção é muito diferente da coexistência pacífica. Para que exista uma

---

[4] Ibid., p. 267.

verdadeira reconciliação — afirma a fé neotestamentária em Jesus Cristo — é necessário mudar de lugar, sair-de-si-próprio para substituir o outro. Esta é a reconciliação realizada por Jesus Cristo.

A reconciliação-redenção supõe uma existência solidária: é a existência vivida por Jesus de Nazaré, testemunhada reiteradamente pelo Novo Testamento. Solidário, ele sai-de-si-próprio para o Pai, na obediência radical, e para os irmãos, na vivência do amor-serviço. Nesta fidelidade-obediência ao Pai e neste amor-serviço, que leva a compartilhar, a sofrer com, Jesus vence a morte (e o mal) e possibilita um novo começo para nós: a "nova criatura" (cf. 2Cor 5,17; Gl 6,15). Solidário, Jesus Cristo reconcilia a todos, sem exceção. Em Jesus Cristo, é possível a superação das discriminações e a vivência da paz e da unidade (Gl 3,28; 1Cor 12,13; Ef 2,13-14...).

4. Substituir não é tirar o lugar do outro!

Alguém poderá objetar, com toda razão: a reconciliação, de fato, só é possível então quando as partes implicadas fazem esse movimento de sair-de-si-próprio para, em certo sentido, tornar-se o outro. A reconciliação de Jesus Cristo é superabundante, sem dúvida, mas não podemos esquecer que é necessário também o movimento de abertura da outra parte, quer dizer, de cada um de nós.

Em outras palavras, a redenção-reconciliação de Jesus Cristo não pode deixar-nos passivos: como ela já fez tudo, a nós restaria apenas agradecer! Esta perspectiva não coincide, porém, com a fé neotestamentária. Com efeito, a reconciliação de Jesus Cristo exige nossa aceitação e colaboração. A entrega de

Jesus, a solidariedade-substituição, que realiza a reconciliação, não tira nossa responsabilidade pessoal. Ser solidário, substituindo o outro, não significa tirar o lugar deste outro. Isto não seria a solidariedade-substituição cristã, mas simplesmente uma superproteção. A vivência da autêntica solidariedade-substituição consiste, ao contrário, em conservar disponível o lugar do outro, ajudando-o para que possa assumir esse lugar que é dele e só dele. Um exemplo extraído de nossa realidade: numa das longas filas que somos obrigados a enfrentar, uma pessoa tem necessidade de sair por alguns momentos; pede então a alguém mais próximo na fila para guardar seu lugar; ao retornar, ocupa esse mesmo lugar preservado pela pessoa solidária. Trata-se de uma verdadeira substituição: quem é solidário guarda e defende o lugar do outro, durante o tempo em que este estiver impossibilitado de assumi-lo.

A solidariedade-substituição de Jesus Cristo, que realiza a reconciliação, não tira nosso lugar na história da salvação. Ao contrário, torna possível nossa libertação do fechamento em nós mesmos para a abertura ao Deus do Reino e para o amor-serviço aos irmãos.

Entendida a reconciliação-redenção em conexão com a solidariedade-substituição, vivida por Jesus Cristo, podemos corrigir o excessivo peso jurídico da teoria da "satisfação", desenvolvida por sto. Anselmo († 1109). Vulgarizada, a teoria diz que o pecado perturba a harmonia e a ordem do universo. Para que a harmonia seja restabelecida, é necessária uma "satisfação" adequada, a saber, o castigo do culpado, do pecador. Ora, o ser humano não é capaz de uma satisfação adequada (a ofensa atinge a Deus e tem, assim, um alcance infinito). Por outro lado, Deus faltaria com a justiça se oferecesse o perdão sem a satisfação apropriada. É necessária, pois, uma satisfação infinita. Só Jesus Cristo, Deus-homem, pode oferecer essa satisfação, concretizada na morte de cruz, assumida livremente.

Realmente, trata-se de uma explicação em que o aspecto jurídico ocupa o primeiro plano. Contudo, convém frisar bem que, no próprio sto. Anselmo, a satisfação adequada é exigida para restabelecer a harmonia rompida do universo. Lembremos que o pecado consiste na ruptura da relação dialógica com Deus, que implica a quebra das relações dialógicas entre os seres humanos e destes com o meio ambiente. O Deus-Ágape, que respeita tão radicalmente a decisão humana, não faz a reconciliação unilateralmente. É necessária a colaboração humana. Mediante a graça da redenção, Jesus Cristo torna possível essa colaboração e faz com que sejamos capazes de responder ao dom do amor de Deus, vivendo a abertura a ele, bem como a abertura (amor-serviço) aos irmãos. Pode assim ser resgatada a intuição básica da explicação de sto. Anselmo, uma vez libertada de um contexto cultural excessivamente jurídico.

5. A solidariedade-substituição atual

A importância da solidariedade-substituição, no sentido explicado anteriormente, para a vida cristã e para a caminhada das comunidades cristãs, logo salta à vista. A privatização da fé e o individualismo — efeito do adentramento da modernidade/pós-modernidade na consciência cristã e na vida eclesial — subsistem ainda, apesar do caminho de superação percorrido nas últimas décadas. A perspectiva bíblica da substituição-solidariedade, fundamental em toda vida cristã, em qualquer tempo e situação, revela-se especialmente necessária em nosso mundo atual brasileiro. A corrupção, o tráfico de influências, a desonestidade, o desvio criminoso de verbas, o superfaturamento etc., estão na ordem do dia. Em se tratando da coisa pública, tudo é permitido. A ética social parece esquecida, predominando um tremendo individualismo.

A realidade da co-humanidade (somos humanos *com* e *junto* a outros seres humanos) é pouco valorizada. Um subjetivismo fechado parece predominar amplamente. Num contexto assim, cumpre lembrar sempre: a substituição-solidariedade "é um aspecto essencial da liberdade concreta".[5] Dependemos uns dos outros muito mais do que gostaríamos de admitir. Na vida cotidiana substituímos e somos substituídos por outros continuamente. E é bom que assim seja. A liberdade de cada um está em conexão com a liberdade dos outros. Nossa vida concreta é feita de um complexo mundo de relações sociais. Somos solidários na liberdade, no processo de humanização.

Em países como o Brasil, onde uma parte considerável da população vive em condições subumanas de existência, esmagada pela miséria e pela marginalização crescentes, o discurso moderno de liberdade pode soar de maneira muito cínica. O compromisso com uma ordem econômica, social, política, jurídica etc., a serviço da humanização de todos, é indispensável para que o discurso da liberdade deixe de ser hipócrita. Uma transformação estrutural é exigida precisamente para tornar possível a liberdade concreta. As situações desumanas desumanizam a *todos*.

---

[5] Ibid., p. 275.

Num sentido profundo, cada um de nós é portador da liberdade dos outros e cada um é levado por todos os demais.[6] A substituição-solidariedade, que conserva disponível o lugar do outro, torna possível a liberdade e a responsabilidade deste. A solidariedade é vivida a serviço do amadurecimento da responsabilidade do outro.

Sabemos que "o pecado do mundo" é uma realidade que condiciona cada um de nós, desde o primeiro instante de nossa existência. Encontra-se presente, cristalizado, nas estruturas de dominação e de marginalização, na cultura massificante, no consumismo, na destruição do meio ambiente, na mentira erigida em sistema de vida, na cultura individualista incentivadora do desprezo e da dominação do mais fraco, na propaganda que orienta para levar vantagem em tudo etc. Todos somos solidários no pecado do mundo.

Mas a solidariedade é também uma realidade na salvação-libertação. A libertação integral, isto é, em todas as dimensões da vida humana, só é possível na vivência da solidariedade concreta, solidariedade esta que, de maneira frequentemente anônima, é vivida por tantas e tantas comunidades eclesiais e por tantos e tantos cristãos, umas e outros sinais vivos de esperança.

Em Jesus Cristo, o homem da substituição-solidariedade, é possível haver um novo começo para todos. O amor de Deus, do Deus da vida, revelado em Jesus Cristo, é solidário também com as vítimas do passado,[7] de maneira que a última palavra não é da

---

[6] Cf. ibid.

[7] Cf. supra, quarta parte, II.8, a respeito da eficácia universal do mistério pascal.

violência destruidora, da mentira, da prepotência, da morte..., mas da vida e da reconciliação. Isto nós sabemos e começamos a experimentar, por causa da substituição-solidariedade universal de Jesus Cristo.

O desafio que a substituição-solidariedade de Jesus Cristo dirige às comunidades eclesiais e a cada cristão é de fundamental importância. Se a substituição-solidariedade resume a atitude básica de Jesus Cristo, na etapa de serviço, é óbvio que deveria ser também o resumo do serviço evangelizador eclesial, ou melhor, de toda a vida da Igreja.

Trata-se, convém reiterar, da substituição-solidariedade que não deixa o outro de lado, mediante uma atitude superprotetora, ocupando indefinidamente o lugar dele, sob o pretexto de que esse outro (o povo, a comunidade, a pesssoa) é ainda infantil, incapaz de andar com os próprios pés e de pensar com a própria cabeça. No trabalho pastoral, é muito fácil cair na tentação da superproteção, confundida com amor e cuidado para com os outros. Assim, agentes de pastoral, vigários, superiores religiosos, coordenadores etc. deveriam estar atentos a essa tentação que anula o outro (o povo, a comunidade ou a pessoa, individualmente) como ser diferente, tirando-lhe o lugar em vez de ajudá-lo a assumir seu próprio posto, crescendo e tornando-se autônomo no processo de humanização integral e, inseparavelmente, na história da salvação. Evidentemente, tudo isto precisaria acontecer no interior da comunhão eclesial.

A superproteção, na medida em que ocupa indevidamente o lugar do outro, mantendo-o na dependência e na passividade, é uma caricatura da solidariedade-substituição cristã.

A solidariedade vivida por Jesus Cristo deve também guiar a Igreja em seus compromissos com a justiça, no âmbito das realidades macrossociais. Uma ordem social, econômica, política... enraizada na solidariedade e não no individualismo, na manipulação e na marginalização crescente, é uma necessidade fundamental neste nosso mundo.

Em resumo, a solidariedade é indispensável no interior da Igreja, chamada às vezes a vencer a tentação da superproteção clerical. Ela é convocada, igualmente, a viver a solidariedade concreta, especialmente em relação ao mundo dos empobrecidos e injustiçados, a serviço de sua libertação integral. De modo semelhante, é interpelada a viver a solidariedade no mundo das relações macrossociais, aceitando o enorme desafio de colaborar para a mudança de estruturas injustas e marginalizadoras.

Para reflexão pessoal e comunitária

Na perspectiva da solidariedade-substituição, examinar nosso trabalho pastoral atual, bem como as relações no interior da comunidade eclesial. Rever, especialmente, se nosso empenho evangelizador atual constitui um serviço real para o crescimento dos outros ou se continuamos enredados na superproteção.

Orientação para leitura

Sobre a substituição-solidariedade de Jesus Cristo, o melhor texto é o de KASPER, op. cit., pp. 265-280. Sobre Jesus Cristo, servo de Iahweh, cf.: DUQUOC, C. *Cristologia*. Ensaio dogmático I. O homem Jesus. São Paulo, Loyola, 1977. pp. 152ss.

III. Jesus Cristo, Filho do Homem, segundo Adão e Homem Novo

1. Jesus Cristo, Filho do Homem

"Bar nasha", em aramaico, ou "ben adam", em hebraico, traduzem-se em português por "filho do homem", expressão que significa simplesmente que alguém é humano, é homem. Trata-se de uma expressão bastante utilizada no Antigo Testamento (cf., por exemplo, Sl 8,5; Jó 25,6 etc.).

Em Daniel (7,13-14), descreve-se um misterioso "Filho do Homem, vindo sobre as nuvens do céu", que receberá um poder e um reinado para sempre. Essa figura tem um sentido individual: trata-se de um ser humano que, no entanto, transcende a mera condição humana. E possui também um significado coletivo: refere-se ao Israel fiel no final dos tempos ("o povo dos santos": Dn 7,27).

Convém, assim, caracterizar essas duas significações da expressão "filho do homem":

— indica a condição humana, com a fraqueza inerente a essa condição;

— aponta para uma figura humana, mas de origem transcendente rodeada de grandeza divina; uma figura tanto coletiva como individual.

A expressão "filho do homem" aparece oitenta vezes no Novo Testamento, sempre utilizada por Jesus para autodesignar-se (exceto em At 7,56, onde Estêvão afirma que Jesus é o Filho do Homem de Dn 7,13), e é empregada com três significados distintos:

a) Jesus é o Filho do Homem que atua em sua existência terrena, em meio aos outros seres humanos, vivendo as limitações próprias dessa existência (cf. Mt 8,20; 11,19; Lc 17,22...).

b) Jesus é o Filho do Homem que realiza a missão do Servo de Iahweh: Mc 8,31; Mt 17,9-12; Mc 9,9-12; Mc 14,21; Lc 22,22; Mc 14,41; Mt 26,45... Esta associação entre o transcendente Filho do Homem e o sofrimento do Servo é, sem dúvida, inaudita e surpreendente.

c) Jesus é o Filho do Homem que virá no final dos tempos, com glória, poder e com a atribuição de julgar: Mc 8,38 e paralelos; Mc 14,62 e paralelos; Mt 24,26-44; 26,64; Mt 25,31ss; Jo 6,62; 5,27... O significado deste terceiro grupo coloca Jesus na perspectiva própria de Dn 7,13ss.

O fato de a expressão Filho do Homem ser sempre colocada na boca de Jesus leva a maioria dos especialistas no Novo Testamento a concluir que foi o próprio Jesus quem a usou para autodesignar-se. Não se trataria, pois, de uma atribuição feita a ele pela comunidade cristã. Para nós, é mais importante responder à seguinte pergunta: Por que será que Jesus (ou a comunidade) utilizou para designar-se, de modo preferencial, uma expressão tão estranha em relação a outras menos misteriosas? Provavelmente, pelo seu caráter ambivalente, pois aponta tanto para a condição humana de humilhação e de sofrimento quanto para a exaltação, a partir da ressurreição.

2. Jesus Cristo, segundo Adão e Homem Novo: agora sabemos o que significa ser humano!

Sonhamos com um ser humano — homem e mulher — melhor do que o atual: um ser humano mais sábio, mais equilibrado, mais perfeito em todos os sentidos. No âmago de nós mesmos, sentimos que não somos aquilo que deveríamos ser. Não é de se estranhar, portanto, que os discursos e programas humanistas, que falam do "homem novo", sejam bem acolhidos pela imaginação das pessoas. De maneira mais ou menos confusa, sentimos que devem existir dois tipos de seres humanos: o homem e a mulher de nossa história real, homem e mulher ambíguos, internamente divididos, pecadores, imperfeitos; e o ser humano — homem e mulher — perfeito, luminoso, profundamente bom, sábio, amoroso etc. Ou seja, o ser humano real, histórico, e o ser humano ideal, desejado e sonhado.

Pois bem, os povos antigos também tinham essa ideia. Entre os povos indo-europeus, ela vinha expressa mediante o mito do homem originário, proveniente do mundo divino, e que teria servido de modelo para a criação dos seres humanos históricos, que somos nós. Os gregos designavam esse homem de origem divina com o termo "anthropos" (homem). Admitia-se, assim, a existência de dois tipos de homem: o homem perfeito e divino e o homem ambíguo, imperfeito e fraco.

Influenciado pela cultura helênica, o judeu Filon de Alexandria fez uma leitura dos relatos bíblicos da criação do ser humano, nos capítulos 1 e 2 do Gênesis, e chegou à seguinte conclusão: na tradição judaica existem também os dois tipos de homem: o Adão perfeito, criado à imagem de Deus (cf. Gn 1,26-27), e o Adão terrestre, imperfeito e pecador, feito de argila (cf. Gn 2,7).

Este contexto cultural será utilizado pelo Novo Testamento para comunicar significativamente a fé em Jesus Cristo. E, em conformidade com essas premissas culturais, Paulo admite também dois tipos de homem, "dois Adões". Aqui entra a fé cristológica, pois Paulo, à diferença do mito do homem originário, bem como da interpretação que Filon faz desse mito, afirma que o verdadeiro homem, o modelo do humano, o homem que vem de Deus, é o segundo Adão, isto é, Jesus Cristo. Já o primeiro homem, o primeiro Adão, é o homem terrestre, pecador (cf. 1Cor 15,45-48; Rm 5,14...).

Uma vez que existem "dois Adões", acrescenta Paulo, haverá também dois modos diferentes de existir: a existência própria do "corpo psíquico", do Adão pecador, caracterizada pela incapacidade de comunicar a vida, e a existência do "corpo espiritual", própria do segundo Adão, Jesus Cristo, fonte de vida para os outros (cf. 1Cor 15,44-45).

Desta exposição deduzimos que, para a fé cristã, existiu primeiro o homem terrestre, fraco e pecador (o homem "psíquico"). A afirmação é clara: o ser humano não é divino, nem partícula ou emanação do divino. O ser humano é criatura, se bem que criado à imagem de Deus. É importante ressaltar esta afirmação bíblica, especialmente neste momento em que o adentramento de religiões orientais no Brasil faz renascer com intensidade crescente o mito do homem divino ou emanante do divino. Não, o ser humano não é divino, mas terrestre.

E também não é verdade que o ser humano é chamado a tornar-se celeste, verdadeiro filho de Deus, divinizado? Sem dúvida, é verdade. Só que esta divinização não é própria do ser humano: é um dom oferecido por Deus, é graça e não uma qualidade própria do homem. E trata-se de dom e graça em conexão com Jesus Cristo, o segundo Adão. Ele, sim, é o homem que vem do céu. Unidos a Jesus tornamo-nos filhos de Deus.

Outra pergunta logo surge: Na história atual, qual é a nossa situação? Somos a imagem do primeiro ou do segundo Adão? Eis a resposta de Paulo: "E assim, como trouxemos a imagem do homem terrestre, traremos também a imagem do homem celeste" (1Cor 15,49). No passado, trouxemos a imagem do primeiro Adão; no futuro, traremos a imagem do segundo Adão. E, no tempo presente, estamos mudando de imagem, passando da imagem do primeiro para a do segundo Adão, da conformidade com o primeiro Adão à conformidade com o segundo. Lembremos que, para o Novo Testamento, Jesus Cristo é a verdadeira imagem de Deus (cf. Cl 1,15; Hb 1,3; 2Cor 4,4-6; Rm 8,29...) e o cristão é chamado a assemelhar-se a essa imagem, morrendo ao "homem velho" para poder viver a vida do "homem novo" (cf. Cl 3,9-10; Ef 4,22-24; 2,15; 2Cor 3,18).

Para reflexão pessoal e comunitária

Rever até que ponto, na evangelização, Jesus Cristo é apresentado significativamente como a verdade do ser humano, pois agora podemos realmente saber o que significa ser humano: basta olhar para Jesus Cristo, para as suas atitudes, opções, comportamento, especialmente para a abertura-obediência ao Pai e para a vivência do amor-serviço, unida à solidariedade em relação aos irmãos. A evangelização deve saber anunciar Jesus Cristo, o verdadeiro "homem novo", o homem sonhado na história humana, cabeça da nova humanidade. Seguindo o caminho vivido por ele na etapa de serviço, participamos da nova humanidade já, agora, no tempo da "fraqueza", e participaremos também da glorificação, na etapa da plenitude.

Orientação para leitura

Sobre a temática deste capítulo, ver, especialmente, KASPER, op. cit., pp. 132-134; GONZÁLEZ FAUS, op. cit., pp. 231-250; SERENTHÀ, op. cit., pp. 519-522; DUQUOC, op. cit., pp. 167-186; GNILKA, op. cit., pp. 232-242.

IV. Jesus Cristo é o Senhor, o primogênito e a recapitulação-plenitude

1. Jesus Cristo é o Senhor: resumo da identidade cristã

Com o título de "Senhor", em sentido teológico, aparece com clareza a confissão de fé na condição divina de Jesus Cristo. Os títulos analisados até aqui, sozinhos, não são suficientes para fundamentar essa confissão de fé.

O nome de Deus no Antigo Testamento ("Adonai", que tinha substituído o nome de Iahweh) é traduzido para o grego, na Versão dos Setenta, pelo termo "Kyrios" (Senhor). Quer dizer: o termo "Kyrios", antes de Jesus Cristo, já era utilizado para designar o Deus da revelação bíblica.

Será que os discípulos de Jesus, antes da Páscoa, utilizaram o termo Senhor, aplicado ao Mestre de Nazaré, reconhecendo nele a condição divina? Assinalamos, na primeira parte deste trabalho, que uma confissão de fé na divindade de Jesus Cristo só ocorreu depois da experiência pascal, em conexão com

Pentecostes. Em aramaico, a língua falada por Jesus e pelos discípulos, a palavra equivalente a *senhor* é "Mar", ou o possessivo "Mari" (meu senhor). Entretanto, parece que esta palavra não foi utilizada como título divino, antes de Jesus Cristo. Chamar alguém de "senhor" era uma manifestação de respeito ou, então, uma indicação de que a pessoa em questão era proprietária de algo. Em português, a palavra "senhor" também tem estas duas acepções.

Os discípulos chamaram Jesus de "Mar" (senhor), antes da Páscoa, expressando assim sentimentos de respeito e cortesia. O termo "Mar" não tinha ainda um sentido divino. Entretanto, convém notar que a utilização deste título por parte dos discípulos indica algo mais do que cortesia ou respeito. Uma pequena semente de fé em Jesus Cristo já está presente, mesmo antes da Páscoa. A palavra Senhor, aplicada a Jesus terrestre, carrega já um início de confissão de fé: lembremos que se trata de um Senhor que perdoa pecados, que exige uma entrega total dos discípulos etc. Ora, estes elementos são reconhecidamente pré-pascais.

Depois da Páscoa e de Pentecostes, a primitiva comunidade palestinense já confessa que Jesus é o Senhor, com um sentido teológico que vai muito além do mero respeito ou cortesia. Chega-se a esta conclusão observando-se o uso, em comunidades gregas que não conheciam o aramaico, da expressão "Maranatha", que pode ser traduzida de maneira invocativa (Vem, Senhor!) ou de maneira indicativa (O Senhor vem): 1Cor 16,22. Trata-se de uma expressão litúrgica, conservada na língua original, que confessa a fé no senhorio, preponderantemente escatológico, de Jesus Cristo. Pede-se, na oração, que esse senhorio se manifeste plenamente, em sua segunda vinda.

No mundo greco-romano, o termo Kyrios era muito utilizado no culto religioso para designar os deuses. No contexto desse ambiente cultural e religioso, portanto, nada há de estranho no fato de os cristãos das comunidades helênicas confessarem sua fé em Jesus Cristo, utilizando o termo *Kyrios*. A intenção é clara: diante da multiplicidade de senhores, os cristãos confessam um *único Senhor*, Jesus Cristo. Como se sabe, foi São Paulo quem utilizou mais frequentemente o título *Kyrios* para expressar a fé em Jesus Cristo. Este uso, porém, não parece ser uma criação de Paulo: a confissão de fé já estava presente nas comunidades pré-paulinas (cf. 1Cor 12,3; Fl 2,5-11...). Lembremos o uso litúrgico da expressão "Maranatha". Trata-se, com certeza, de uma profissão de fé, de uma proclamação pública que define a identidade cristã perante os não cristãos. A identidade e o testemunho cristãos resumem-se na afirmação do *único senhorio de Jesus Cristo*: 1Cor 8,6. Ficam, assim, invalidados os cultos aos "senhores" das diversas religiões que povoavam o variado universo religioso greco-romano e, de modo muito particular, é desmascarada a falsidade da pretensão divina do poder político encarnado no imperador. Com isso não queremos dizer que o cristão prega ou pratica a desobediência ao poder civil (cf. Rm 13,1-7). Ele apenas não absolutiza o poder político — ou qualquer outro poder terreno —, atribuindo-lhe um caráter divino.

É verdade que o senhorio de Jesus Cristo não é intramundano, mas escatológico (cf. Jo 18,36), não se justificando, portanto, a criação de impérios cristãos nem o clericalismo. Não obstante, este senhorio escatológico incide na vida da comunidade cristã, levando à relativização ou negação (sempre que idolátricos) dos poderes deste mundo. Acrescente-se que a confissão do senhorio único de Jesus Cristo faz com que sejam desenvolvidas, na comunidade cristã, relações de fraternidade, destruindo na própria base a dialética da dominação amo-escravo (cf. Fm 16).[8] E não é demais lembrar que o senhorio de Jesus Cristo está inseparavelmente unido ao amor-serviço. Assim, é o Senhor quem lava os pés dos discípulos (cf. Jo 13,12-17). Aceitar o Senhor Jesus implica uma interpelação para que se vivam relações de fraternidade e, mais concretamente, o amor-serviço e a solidariedade.

O senhorio escatológico de Jesus Cristo está presente em toda a vida da comunidade cristã. A vida cristã deve ser vivida em relação ao Senhor Jesus: "no Senhor".[9] Esta fórmula, repetidamente utilizada por Paulo em suas cartas, ressalta que a vinculação ao Senhor deve permear todas as relações do cristão e da comunidade. Não basta celebrar o senhorio de Jesus Cristo na liturgia, como também não basta fazer a profissão de fé nesse senhorio. É necessário viver no cotidiano da vida cristã o significado da aceitação desse senhorio. Ora, acrescenta Paulo, isto só se torna possível mediante a ação do Espírito no cristão e na comunidade (cf. 1Cor 6,17; 2Cor 3,17). É o Espírito quem possibilita a relação pessoal com o Senhor Jesus.

Será que tudo isto que acabamos de expor implica a confissão de fé na condição divina de Jesus Cristo? A resposta é afirmativa, pois a utilização que os cristãos fazem do título *Kyrios* indica uma relação tão íntima, tão total e tão absoluta com Jesus Cristo

---

[8] Cf. GONZÁLEZ FAUS, J. I. La humanidad nueva. Ensayo de cristología. 6. ed. Santander, Sal Terrae, 1984. p. 273.

[9] Para um estudo dos textos mais importantes nos quais aparece a expressão "no Senhor", cf. ibid., pp. 276-278.

como só é possível ter com Deus,[10] o Absoluto. Assim, a fé cristã não tem dificuldade em aplicar para Jesus Cristo — o Kyrios do Novo Testamento — expressões reservadas a Iahweh, o Kyrios do Antigo Testamento. Por exemplo, "mesa do Senhor" designava o altar de Iahweh, enquanto, no Novo Testamento, a expressão se refere à mesa onde se celebra a Eucaristia (cf. 1Cor 10,21). Outro exemplo: conforme o Antigo Testamento, é salvífica a invocação do "nome do Senhor". Pois bem, esta expressão é aplicada pelo Novo Testamento ao Senhor Jesus (cf. Rm 10,13; 1Cor 1,2; At 2,21; 9,14.21; 2Tm 2,22; At 4,12...). E, de maneira ainda mais direta, o Novo Testamento afirma que Jesus Cristo tem o *nome*, como o *Kyrios* do Antigo Testamento.

2. Fl 2,6-11: a condição divina do Senhor Jesus

Vale a pena ressaltar aqui a importância do hino de Fl 2,6-11, pois se trata de um ótimo resumo da fé cristológica das comunidades cristãs do século I. A divindade de Jesus Cristo está claramente afirmada nesse hino. A seguir, apresentamos algumas indicações que ajudarão a compreender melhor o conteúdo do texto.

V.6: o hino trata de Jesus Cristo, inseparavelmente divino e humano. Neste versículo, afirma-se a preexistência de Jesus Cristo: "existindo na condição divina". Condição, aqui, significa o modo concreto de existir. Para indicar a posse contínua e perdurável dessa condição, o hino utiliza o particípio presente ("uparchon": existindo). Ora, acrescenta o texto, Jesus Cristo não considerou a igualdade com Deus como

---

[10] Cf. ibid., pp. 258ss.

algo que se deve segurar. Claro está que não se trata da condição divina, mas da glória e das honras devidas a essa condição.

V.7: "ekenosen" (esvaziou-se). O tempo do verbo — aoristo, em grego — indica que se trata de uma ação passada. De fato, a humilhação e o esvaziamento terminaram com a ressurreição. A etapa de serviço começara com o esvaziamento próprio da encarnação. Nesta, Deus assume realmente a condição humana, mas a condição de homem *servidor*, não a de homem dominador. Esvaziou-se, conforme foi assinalado no versículo anterior, não da condição divina, mas da glória a esta correspondente. Viveu uma existência humana frágil e mortal, em tudo como nós, exceto no pecado (cf. Hb 4,15).

V.8: a última consequência desse tipo de existência foi a morte de cruz. "Aquele que não conhecia o pecado, Deus o fez pecado..." (2Cor 5,21). Convém reiterar: ele viveu as fraquezas da condição humana, exceto o pecado. E acabou morto na cruz.

V.9: Jesus Cristo foi exaltado pela ressurreição. A vida toda do servo, em conexão com sua morte, é confirmada por Deus. É o tipo de vida que agrada a Deus. E Jesus Cristo recebe o "Nome que está sobre todo nome" (expressão reservada a Iahweh, no Antigo Testamento). Jesus Cristo é portador do Nome, como Iahweh. É uma afirmação surpreendente, desconcertante e inaudita!

V.10: em consequência, a criação inteira, o universo todo presta homenagem ao *Kyrios*, Jesus Cristo, homenagem de adoração reservada a Iahweh.

V.11: é a afirmação conclusiva do hino: *Jesus* é o *Kyrios*!

A condição divina de Jesus Cristo é diretamente afirmada neste importante hino cristológico. O dinamismo cristológico fundamental encontra-se também muito bem descrito: desprendimento para tornar-se um de nós na encarnação. É o dinamismo que a comunidade cristã e cada membro dela são chamados a vivenciar, prioritariamente, no serviço evangelizador.

3. Jesus Cristo é o primogênito e a plenitude-recapitulação

O senhorio de Jesus Cristo é completamente universal. Com certeza, atua em nossa história atual, conforme assinalamos no item anterior. E está atuando desde o início da história da humanidade, ou melhor, desde o primeiro instante da criação. Percebe-se isto quando a fé cristã lança um olhar para o passado. E, quando volta a atenção para o futuro, lá está também Jesus Cristo, meta final da história humana e, com ela, de toda a criação. O senhorio universal de Jesus Cristo leva o autor do Apocalipse a confessar Jesus como Princípio e Fim, Alfa e Ômega (cf. Ap 21,6; 22,13...).

a) *Jesus Cristo é o primogênito*

Sem dúvida, ele é o Primogênito em relação à nossa filiação (cf. Rm 8,29). Contudo, o horizonte alarga-se progressivamente e assim, no hino cristológico de Cl 1,15-20, Jesus Cristo é confessado primogênito tanto na criação (cf. Cl 1,15-17) como na redenção-salvação (cf. Cl 1,18-20). O hino ressalta o caráter universal e cósmico da função criadora e salvadora do Senhor Jesus.

b) *Jesus Cristo é a plenitude e a recapitulação*

Como é fácil falar de unidade, de paz e de fraternidade! Sonhamos com a fraternidade, com o respeito aos outros, aceitos e valorizados como diferentes de nós, com uma abertura realmente universal e assim por diante. Entretanto, experimentamos com muita frequência o quanto é difícil viver, na prática, essa realidade. Separações, divisões, discriminações de todo tipo fazem parte do nosso viver cotidiano. Será que o sonho poderá um dia tornar-se realidade? Será possível um dia viver a unidade e a paz verdadeiras?

O Novo Testamento, especialmente a carta aos Efésios, responde afirmativamente a estas perguntas e apresenta Jesus Cristo como a recapitulação de todos os seres humanos e do cosmos inteiro. O senhorio universal de Jesus Cristo implica também a realização da plenitude e da recapitulação (cf. Ef 1,10). Em Jesus Cristo são possíveis a paz e a reconciliação (cf. Ef 2,14-16). Sim, responde o Novo Testamento, o sonho pode tornar-se realidade, pois Jesus Cristo realiza a reconciliação universal e a unidade.

Sabemos que a recapitulação, a paz, a unidade em plenitude só ocorrerão na ressurreição, mas isto não significa que se trata de uma mera promessa, desconectada da existência atual. Ao contrário, a recapitulação, a união e a paz já estão atuando na criação e na história humana. Polarizam, por assim dizer, a caminhada da história e do cosmos. Algo de paz, de reconciliação e de unidade pode ser vivenciado já, hoje, no coração desta nossa história tão marcada pela ambiguidade: são pequenas e imperfeitas realizações, sem dúvida, mas que constituem sinais indispensáveis de esperança, apontando para a recapitulação plena.[11]

---

[11] Ver supra, segunda parte, V.10, a propósito das parábolas do Reino e da articulação entre a atuação do Reino de Deus hoje, em forma de semente, e a plenitude de sua realização (colheita).

c) *O senhorio cósmico de Jesus Cristo*

Nestes tempos em que a crise ambiental nos preocupa cada vez mais, convém ressaltar que a afirmação da total universalidade do senhorio de Jesus Cristo compreende não só a história humana, mas, inseparavelmente, o mundo todo criado. Como já vimos, a existência frágil e mortal, vivida por Jesus na etapa de serviço, é superada pela ressurreição (cf. Fl 2,6-11). A partir da ressurreição, a fé cristã confessa claramente "um só Senhor, Jesus Cristo, por quem tudo existe e por quem nós somos" (1Cor 8,6). Jesus Cristo é mediador também da criação, confessa o hino anteriormente citado de Cl 1,15-20: a mediação de Jesus Cristo está presente no início, na continuação e na consumação da realidade toda criada. O mundo criado encontra em Jesus Cristo sua mais íntima consistência e fundamentação. O cosmos possui um sentido cristológico desde o primeiro instante da criação até a consumação escatológica. Jesus Cristo tem, assim, uma significação cósmica (cf. também Jo 1,1-4; Hb 1,1-4 e Ef 1,1-10).[12]

d) *O senhorio pleno de Jesus Cristo e a sua vinda gloriosa*

A plenitude e a recapitulação esperadas estão unidas à expectativa da vinda gloriosa de Jesus, entendida como manifestação universal da realidade do seu senhorio (cf. Mt 24,3; 1Cor 15,23; 1Ts 4,15-18; Ap 22,17 etc.).

---

[12] Sobre o desafio que constitui a crise ambiental para a fé cristã, cf. GARCIA RUBIO, A. "Crise ambiental e projeto bíblico de humanização integral". In: Vv.AA. Reflexão cristã sobre o meio ambiente. São Paulo, Loyola, 1992. pp. 7-28.

A fé no retorno glorioso do Senhor está a nos dizer que a salvação cristã, que atinge o ser humano inteiro, refere-se também à comunidade humana como um todo. Certamente, Jesus Cristo, com o seu senhorio, está sempre conosco, mediante o seu Espírito. O que esperamos é a sua manifestação gloriosa. E toda vez que prevalecem os gestos de justiça, de paz, de amor que salva e liberta, a história avança para o retorno de Cristo. É aí que os céus vão-se descortinando e a terra vai acolhendo as sementes da transformação total no amor e no poder de Cristo, que virá, uma segunda vez, vencedor e glorioso.

Essa vinda gloriosa do Senhor encontra-se associada com a afirmação do juízo escatológico. Conhecemos o critério do Julgamento: Mt 25,31-46. Tratar-se-á de um julgamento que mostrará a verdade da história humana, desmascarando as mentiras e as injustiças que procuram ocultar a realidade.

Para reflexão pessoal e comunitária

1. Rever o atual significado existencial da aceitação do único Senhor Jesus Cristo. Rever também as implicações pessoais, familiares, comunitárias, eclesiais, sociopolíticas, econômicas e ecológicas. De maneira especial, rever ainda as implicações teóricas e práticas da aceitação do único senhorio de Jesus Cristo, diante do pluralismo religioso atual, com sua diversidade de senhores e mediadores.

2. Rever a caminhada pessoal e comunitária na superação de discriminações, divisões e preconceitos, na capacidade de enfrentar tensões de maneira fecunda e no crescimento de uma fraternidade real.

Orientação para leitura

a) Sobre o significado do título *Kyrios*, aplicado a Jesus Cristo, cf. GONZÁLES FAUS, op. cit., pp. 258-282; SERENTHÀ, op cit., pp. 501-505.

b) Sobre Jesus Cristo, plenitude e recapitulação, cf. GONZÁLEZ FAUS, op. cit., pp. 283-313.

c) Sobre a vinda gloriosa de Jesus Cristo, cf.: *Catecismo da Igreja Católica*. 2.ed. Petrópolis, Vozes, 1993. pp. 193-195.

V. Jesus Cristo é a palavra encarnada, o Filho de Deus e o próprio Deus

O título *Kyrios*, tal como foi aplicado a Jesus Cristo pelo Novo Testamento, não é o único que contém a confissão da condição divina de Jesus Cristo. Neste capítulo, examinaremos outros títulos que também ressaltam sua condição divina, sem, contudo, ocultar ou desvalorizar a realidade da condição humana de Jesus Cristo.

1. Jesus Cristo é o Verbo feito fraqueza humana ("sarx"): Jo 1,14

O termo "logos" (palavra) é grego, mas seu conteúdo, no prólogo do quarto evangelho, é judaico. Deve ser compreendido tendo como pano de fundo o que se afirma no Antigo Testamento a respeito da palavra e da sabedoria de Iahweh. Pela sua palavra-sabedoria, Deus criou o mundo e o ser humano. Esta palavra-sabedoria, sempre presente em Deus, é igualmente salvadora, libertadora e vivificadora: é a palavra-sabedoria que armou sua tenda em Israel (cf. Eclo 24,8).

Sem dúvida, tanto a criação quanto a Torá e a pregação profética constituem comunicações de Deus. Mas não são a autocomunicação de Deus. Esta só acontece em Jesus Cristo, uma vez que ele não se limita a comunicar-nos a palavra ou os desígnios de Iahweh: ele próprio, Jesus Cristo, é a palavra--comunicação de Deus; ele é o próprio Deus comunicando-se. Sem dúvida, trata-se de uma comunicação qualitativamente diferente daquelas próprias da Torá, da pregação profética e da criação.

Estamos habituados a utilizar, quase constantemente, a palavra que define e explica a realidade, a palavra objetificante. Esta é a palavra necessária no mundo da ciência, da técnica, da complexidade de relações administrativas e funcionais, próprias do mundo moderno. Mas corremos o risco de não valorizarmos adequadamente a palavra que expressa a intimidade de alguém, a palavra vivida como comunicação pessoal, que só pode estar dirigida à intimidade de outra ou outras pessoas, a palavra que solicita a abertura e o acolhimento de quem recebe a comunicação, a palavra que interpela, desinstala, questiona e certamente enriquece. Pois bem, em João, o "Logos" não é a palavra objetificante, mas a palavra comunicadora da intimidade de Deus: é a *comunicação pessoal* de Deus. Ora, o "Logos", afirma o prólogo ao quarto evangelho, é de condição divina (cf. Jo 1,1) e tudo foi criado por meio dele (cf. Jo 1,3). Este "Logos" se fez "sarx" (cf. Jo 1,14). O termo "sarx" indica o ser humano precisamente em sua condição de fraqueza, caducidade e mortalidade. E assim é proclamada a desconcertante novidade: o "Logos", o próprio Deus, se faz limitação e fraqueza humanas! No homem Jesus de Nazaré, homem fraco e limitado (em tudo como nós, exceto no pecado: Hb 4,15), encontramos a palavra de Deus, a autocomunicação de Deus, ou seja, o próprio Deus.

2. Jesus Cristo é o Filho de Deus em sentido único

Ao tratar da relação de Jesus com o Pai, na etapa de serviço, ressaltamos a íntima união entre eles: Jesus e Deus, a quem ele chamava de "Abba". Sublinhamos, igualmente, a confiança de Jesus no Pai e sua fidelidade à vocação do messianismo de serviço, vivida nas vicissitudes do seu trabalho evangelizador.[13]

O Novo Testamento mostra a relação única vivida por Jesus com o Pai (cf. Mt 11,27), estabelecendo uma clara distinção entre "seu Pai" e "nosso Pai" (cf. Mt 7,11; Lc 22,29...). Na realidade, todos nós somos apenas filhos adotivos, enquanto Jesus, só ele, é o Filho (cf. Gl 4,1-7).

Mas é João quem melhor aprofunda o significado da filiação única de Jesus Cristo: ela implica uma íntima *comunhão* e *comunidade* com o Pai. Assim, Jesus identifica sua atividade com a atividade do Pai (cf. Jo 5,17-18). O Filho faz tudo aquilo que o Pai faz (cf. Jo 5,19). Tem a vida em si mesmo como o Pai (cf. Jo 5,26). Possui comunhão de conhecimento com o Pai (cf. Jo 10,15). Está no Pai como o Pai está nele (cf. Jo 10,38; 14,10-11; 17,21). De tal modo é íntima e total essa comunhão entre Pai e Filho, que Jesus, conforme Jo 10,30, pode afirmar: "Eu e o Pai somos um". Ninguém, por si mesmo, pode adentrar nessa intimidade. Só mediante o Filho único é que podemos receber

---

[13] Cf. supra, segunda parte, VI.6.

a revelação de quem seja esse Deus (cf. Jo 1,18; cf. também Mt 11,25-27).

A afirmação de que Jesus Cristo é o Filho ressalta, pois, a unidade com o Pai, sublinhando o fato de que Jesus só tem razão de ser em relação-referência total ao Pai. Jesus nada faz por si mesmo, mas pelo Pai (cf. Jo 5,19.30; 7,16...). Todo o ser e o existir de Jesus Cristo é relativo ao Pai e ao amor-serviço aos irmãos.

Assim como a respeito do "Logos", afirma-se também que o Filho tem criado todas as coisas (cf. Hb 1,1-4). E todo o quarto evangelho confessa, reiteradamente, que o Filho tem as características próprias de Deus: é fonte de vida inesgotável que vivifica e ilumina os outros (cf., especialmente, Jo 8,12ss; 4; 9; 11).

Ao tratar da filiação divina de Jesus Cristo, é importante notar que ele é Filho em relação ao Deus-Ágape, ao Deus Trindade-Comunhão, e não em relação a um Deus qualquer. Compreendida a filiação divina como comunhão e união íntima com o Deus-Ágape, não há perigo de entender a relação total de Jesus Cristo com o Pai como anulação ou como qualquer outro tipo de dependência alienante. Esta dificuldade pode ser comum numa cultura como a moderna, em que a figura do pai logo lembra autoritarismo, suscitando uma reação contrária.

A filiação divina nada tem de alienação; ao contrário, é a entrega de si próprio: e é nessa entrega que se conquista a liberdade. Em outras palavras, na doação de amor vive-se realmente a liberdade. Assim, convém sublinhar que nossa filiação não significa submissão castradora ou dominadora, mas, ao contrário, uma vivência libertadora da entrega de si mesmo ao Pai. A relação filial é profundamente libertadora.

3. Significado cristológico do "Eu Sou"

O conhecido "Eu sou" (o nome divino: Jahweh) de Ex 3,14 é aplicado no quarto evangelho a Jesus Cristo (cf. Jo 8,24; 8,28; 8,58; 13,19...). "Eu sou" tem aqui um significado diretamente divino. É outra maneira de confessar a condição divina de Jesus Cristo.

4. Jesus Cristo é Deus

Em Rm 9,5 e Tt 2,13, afirma-se que Jesus Cristo é Deus, embora, no Novo Testamento, o termo "Deus" seja reservado, normalmente, ao Pai. Contudo, afirmar que Jesus Cristo é Deus nada acrescenta a tudo quanto foi exposto até agora. Com efeito, a confissão de fé na condição divina de Jesus Cristo deve ter ficado clara no texto de Fl 2,6-11, especialmente no versículo 6 ("existindo na condição divina"), no versículo 9 (aplicação a Jesus Cristo do Nome acima de todo nome) e no versículo 10 (adoração universal prestada a Jesus Cristo). Aparece igualmente evidenciada na afirmação de que Jesus Cristo é o Logos, o Filho de Deus encarnado, bem como na atribuição a ele do "Eu sou".

Para reflexão pessoal e comunitária

Rever, em nossa espiritualidade e em nosso trabalho evangelizador, até que ponto estamos desenvolvendo a experiência do Deus revelado no encontro com Jesus Cristo.

Orientação para leitura

a) Sobre a significação do Logos aplicado a Jesus Cristo no quarto evangelho, cf. GONZÁLEZ FAUS, op. cit., pp. 316-332; Duquoc, op. cit., pp. 235-246; Serenthà, op. cit., pp. 522-526.

b) Para um aprofundamento no significado do título Filho de Deus, aplicado a Jesus, cf. González Faus, op. cit., pp. 333-345; Serenthà, op. cit., pp. 526-529; Duquoc, op. cit., pp. 247-252.

VI. Significado cristológico dos relatos da infância de Jesus

A origem da fé explícita em Jesus Cristo encontra-se, conforme sublinhamos anteriormente, em sua ressurreição. O mistério pascal ocupa, num primeiro momento, o centro do interesse das comunidades cristãs. Os discursos de Pedro constituem ótimos testemunhos dessa etapa (cf. At 2,14-36; 3,12-26...). Num segundo momento, o interesse cristão estende-se até a vida pública de Jesus (suas palavras e ações desde o batismo no rio Jordão até a morte na cruz). O evangelho de Marcos é um bom exemplo deste segundo passo. Num terceiro momento, o horizonte, agora mais largo, compreende também a infância de Jesus. Os relatos de Lucas e Mateus sobre o menino Jesus pertencem a esta etapa. Finalmente, no prólogo ao evangelho de João, deparamo-nos com o quarto momento — o interesse cristão remonta ao início de tudo: "No princípio era o Logos", Jo 1,1. Todavia, a morte-ressurreição continua a ser, em todas estas etapas, o ponto central. Todo o passado é visto em função da Páscoa.

Os relatos da infância de Jesus apresentam uma cristologia já bastante elaborada. Devem ser situados no final do processo de explicitação da fé em Jesus

Cristo, Filho de Deus e homem entre os homens. A seguir, indicaremos aquilo que se afirma como mensagem em cada um dos relatos, sem entrar na discussão a respeito da maior ou menor fundamentação histórica de cada um deles.

1. Significado das genealogias (cf. Mt 1,1-17 e Lc 3,23-38)

As genealogias constituem uma sugestiva maneira de ressaltar que Jesus é um dos nossos, que é realmente humano. A genealogia, entre os judeus, tinha o valor de um documento de identidade. As genealogias de Jesus afirmam, concomitantemente, que ele é o Esperado, aquele que realiza a expectativa da salvação-libertação de Israel: isto é sublinhado por Mateus, quando faz ascender a genealogia de Jesus até Abraão, pai do povo escolhido. Já Lucas, que escreve seu evangelho para os gentios, faz remontar a ascendência de Jesus até Adão, a fim de que fique bem claro que Jesus é o esperado e sonhado pela humanidade inteira, e não apenas por Israel.

2. Significado da concepção virginal (cf. Mt 1,18-25 e Lc 1,26-38)

Em Mt 1,18-25, a afirmação cristológica é clara: Jesus é o Filho de Deus, concebido por obra do Espírito Santo e, ao mesmo tempo, o filho de José (paternidade legal).

Em Lc 1,26-38 é ressaltado que o Salvador não vem dos homens. Estes não teriam capacidade para dar origem ao qualitativamente novo, ao Salvador. É necessário, pois, um novo começo por parte de Deus: o menino é um dom de Deus, vem de Deus, é obra do

Espírito divino. Este é o significado cristológico da concepção virginal. O menino Jesus realmente humano (genealogias) é, simultaneamente, divino: ele é o Filho de Deus (concepção virginal).

O texto contém também uma afirmação sobre Maria. A tradição cristã, já desde o século II, entende a concepção virginal como uma realidade histórica e não meramente simbólica. Não se pode, porém, precisar o como da concepção virginal.

3. O nascimento em Belém (cf. Mt 2,1-5; Lc 2,1-7)

O relato afirma que o menino é o esperado Messias, o filho de Davi, pois Belém era a cidade de Davi (cf. 1Sm 16,1-13), o lugar onde se esperava que nascesse o Messias (cf. Mq 5,1).

4. Os pastores (cf. Lc 2,8-20)

Os pastores faziam parte dos marginalizados, pois sua profissão era considerada "impura". Representam, no evangelho de Lucas, os pobres, os pecadores e os marginalizados. O Reino de Deus é prioritariamente oferecido a eles. O anúncio do nascimento do Salvador não é feito aos chefes dos sacedotes, aos responsáveis pelo status quo religioso e político, aos "puros"..., mas aos desprezados, aos "deixados de lado", representados pelos pastores. Num sentido mais amplo, estes representam também os fiéis de todos os tempos, que se abrem à proposta do Reino de Deus.

5. Os magos e a estrela (cf. Mt 2,1-12)

O relato contém uma clara afirmação de que o menino é o salvador universal, tanto de judeus como de gentios. Os magos prefiguram todos os cristãos procedentes do mundo pagão. Note-se que o acesso a Deus é realizado mediante a observação do mundo da natureza (representado pela estrela) e que se chega à fé no enviado, quando se acolhe a palavra da Sagrada Escritura.

6. Jesus apresentado no templo (cf. Lc 2,22-38)

As palavras de Simeão têm no evangelho de Lucas o mesmo significado do relato dos magos no evangelho de Mateus: afirmar que o menino é o salvador universal. Os pastores, conforme Lucas, anunciam o salvador de Israel, enquanto Simeão estende a todos os povos essa salvação.

7. Os cânticos (cf. Lc 1,46-55; 1,67-79; 2,29-32...)

Todos eles ressaltam a importância salvífica do menino: com ele chegou o tempo da salvação.

8. Matança dos inocentes e fuga para o Egito (cf. Mt 2,13-23)

Mateus quer, com este relato, estabelecer um paralelismo entre a infância de Moisés e a infância de Jesus, com o intuito de proclamar que o verdadeiro libertador definitivo não é Moisés, mas Jesus. Tal é a afirmação básica do texto.

9. O menino Jesus no templo (cf. Lc 2,41-50)

O relato faz uma antecipação da sabedoria e da futura atividade de Jesus que, a partir desse momento, deixa para trás a infância e começa a viver a adolescência. E vai percebendo mais claramente a união íntima com o Pai, superior aos vínculos com a família humana (cf. Lc 2,49).

10. A vida de Jesus em Nazaré (cf. Lc 2,51-52)

O Esperado vive grande parte de sua vida no anonimato, perdido numa pequena cidade da Galileia. A mensagem é clara: Jesus viveu, como todos nós, um lento amadurecimento, em todos os sentidos. Lucas resume isto muito bem: "E Jesus crescia em sabedoria, em estatura e em graça, diante de Deus e diante dos homens" (Lc 2,52).

O fato de Jesus ter vivido uma existência comum, em meio à multidão anônima, é comprovado pelo testemunho das pessoas de Nazaré, que nada sabiam a respeito de uma existência extraordinária (cf. Mt 13,53-58; Lc 4,21-22).

Importante é também a afirmação de Lucas a respeito de Maria: "Sua mãe, porém, conservava a lembrança de todos esses fatos em seu coração" (Lc 2,51). Ela, que não entendera as palavras de Jesus no templo (cf. Lc 2,48-50), passará a compreendê-las mais tarde, depois da experiência da Ressurreição e de Pentecostes. Maria representa a jovem Igreja que, só depois da Páscoa-Pentecostes, compreende tantas e tantas lembranças de Jesus, do tempo de sua vida terrestre.

11. Afirmação fundamental dos relatos da infância

No menino Jesus encontramos, desde o primeiro instante da sua concepção, o próprio Deus feito homem. Contemplando o menino, temos certeza, na fé, de que não estamos abandonados. Deus está conosco! É um Deus-Ágape que se faz criança indefesa, um Deus que se faz ser humano limitado, que vem ao nosso encontro, como um de nós, para oferecer vida e libertação. O menino é fonte de esperança.

12. Gênero literário dos relatos da infância

O breve resumo feito anteriormente sobre o conteúdo de cada um dos relatos permite concluir que os evangelhos da infância de Jesus constituem uma profunda reflexão teológica. A fé da Igreja em Jesus Cristo é apresentada mediante figuras e símbolos do Antigo Testamento. Desse modo, os relatos procuram facilitar a passagem do Antigo Testamento para o Evangelho de Jesus Cristo.

Os exegetas defendem a opinião de que estes relatos constituem um gênero literário bastante próximo da "Haggada midrás" (narração com finalidade catequética, que utiliza fontes bíblicas).

13. Os relatos da infância de Jesus: desafio pastoral

Em relação aos evangelhos da infância de Jesus, de forma semelhante ao que acontece com os relatos pascais, é frequente ouvir a seguinte pergunta: Por que os evangelistas não explicam claramente, com afirmações bem objetivas, a mensagem de fé em Jesus Cristo que querem transmitir? Este tipo de pergunta traduz um preconceito próprio de nossa mentalidade racionalista, uma certa incapacidade para perceber que, quando se trata das realidades mais vitais e profundas da existência humana, a linguagem simbólica e figurada é mais apropriada do que a linguagem meramente racional.

Na explicação do conteúdo dos relatos da infância — e também dos relatos pascais — é necessário prestar muita atenção para não acabar realizando uma "invasão cultural". Nosso povo não possui uma visão científica da realidade, lê os textos evangélicos com simplicidade e até de maneira bastante ingênua, com tendência para entender tudo literalmente. Isto não significa, entretanto, que o povo não seja capaz de perceber a mensagem evangélica. Seria semelhante a afirmar que nossos antepassados na fé não tiveram oportunidade de captar a mensagem de Jesus Cristo, porque não tinham ajuda da exegese científica para distinguir os elementos culturais da mensagem proclamada e afirmada.

A missão evangelizadora é realmente delicada. Como já assinalamos na introdução a este trabalho, o agente de pastoral, respeitando e valorizando a cultura do povo, é chamado a ajudar na descoberta da mensagem de Jesus Cristo, por meio de uma leitura popular do texto evangélico. Mediante a leitura literal, é perfeitamente possível perceber o que Deus quer comunicar-nos para nossa vida cristã, pessoal e comunitária. Para isto, é necessária a preparação adequada do agente de pastoral, a fim de que seja capaz de ajudar o povo — utilizando a mediação da linguagem popular — a aceitar e a assimilar aquilo que é afirmado no texto bíblico, quer dizer, a mensagem que Deus quer transmitir-nos.

Para reflexão pessoal e comunitária

Rever como é feita a preparação para o Natal. Rever, especialmente, se estamos ajudando o povo, no serviço evangelizador, a perceber a Boa-Nova contida nos relatos da infância de Jesus.

Orientação para leitura

Sobre o conteúdo teológico dos relatos da infância de Jesus, cf. PERROT, C. *As narrativas da infância de Jesus*. São Paulo, Paulinas, 1982; BECK, E. *O filho de Deus veio ao mundo*. Para você entender os relatos da infância de Jesus. São Paulo, Paulinas, 1982; DATTLER, F. *Os evangelhos da infância de Jesus, segundo Mateus e Lucas*. São Paulo, Paulinas, 1981. A obra mais completa sobre os relatos da infância de Jesus é a de BROWN, R. E. *El nascimiento del messias*. Madrid, Cristiandad, 1982 (tradução do original inglês: Id. *The birth of the messiah*. A commentary of the infancy narratives in Matthew and Luke. N. Y., Garden City, Doubleday & Company, Inc., 1979).

* * *

Podemos então resumir: depois da morte-ressurreição e da experiência de Pentecostes, as comunidades cristãs, sob a ação do Espírito, vão adentrando com profundidade crescente no mistério da identidade de Jesus de Nazaré e de sua importância salvadora, esclarecendo-se então até que ponto eram justas e bem fundamentadas suas pretensões. Utilizando várias abordagens, as comunidades tentam difundir significativamente a fé em Jesus Cristo. E, no mesmo Jesus, de cuja companhia e amizade os discípulos haviam usufruído, descobrem que está presente o próprio Deus. A condição divina — a divindade, conforme a terminologia eclesial posterior ao Novo Testamento — está presente em Jesus desde o primeiro instante de sua concepção. Na verdade, aquilo que a teologia chama de encarnação de Deus no homem Jesus começa com a concepção e perdura por toda a eternidade.

Durante a etapa de serviço — que acompanhamos na segunda e terceira partes do nosso estudo —, a condição divina está presente na forma predominante de ocultação. Lembremo-nos do esvaziamento de que nos fala Fl 2,7. A partir da ressurreição, a presença da condição divina manifesta-se, com toda luminosidade, no homem Jesus de Nazaré, já glorificado. As duas etapas da existência divino-humana de Jesus devem ser distinguidas e, simultaneamente, unidas de maneira inseparável.

Distinguir e unir é igualmente necessário na relação entre o divino e o humano em Jesus Cristo. A condição divina é revelada no ser humano concreto, que é Jesus Cristo, e não na negação ou diminuição do humano. A união inseparável entre o divino e o humano deve ocorrer sem confusão: foi o que afirmou séculos depois o Concílio de Calcedônia.

A importância para a salvação da revelação da identidade profunda de Jesus Cristo foi percebida claramente pelas comunidades do século I. Jesus Cristo, conforme assinalamos nesta quinta parte, é o mediador da salvação (e da criação), porque ele é um dos nossos, nosso irmão, homem real e, simultaneamente, de Deus, de condição divina real. Por isso, pôde unir em si o divino e o humano. Ele é a ponte, o pontífice, o mediador-salvador.

Finalmente, já deve ter ficado claro, pelas exposições feitas até agora, que a ação do Espírito é indispensável para o encontro vivo, na fé, com Jesus Cristo. E não será supérfluo insistir aqui, novamente, na importância do Espírito na vida, morte e ressurreição de Jesus Cristo. Basta lembrar que a encarnação se realizou pelo Espírito (cf. Lc 1,35) e que, durante toda a sua vida de pregador itinerante, a começar pelo batismo (cf. Mc 1,10; At 10,38...), Jesus foi guiado pelo Espírito. A força vivificadora do Espírito atua nos sinais que tornam presente o Reino de Deus (cf. Lc 4,18;

Mt 12,28...). No Espírito, Jesus oferece-se a Deus na cruz (cf. Hb 9,14) e, certamente, a ressurreição se realiza pelo mesmo Espírito (cf. Rm 1,4; 8,11; 1Pd 3,18...). Tão íntima é a relação entre o Espírito e Jesus que, a partir da ressurreição — afirma Paulo — Cristo torna-se "Espírito vivificante" (cf. 1Cor 15,45). E, mais radicalmente ainda: Jesus Cristo ressuscitado "é o Espírito" (2Cor 3,17).

VII. Fidelidade da Igreja à fé em Jesus Cristo, proclamada no Novo Testamento

Como sabemos, o Novo Testamento foi elaborado e chegou à sua forma definitiva no interior da Igreja. Não apareceu primeiro o Novo Testamento e depois a Igreja; ao contrário, foi o Novo Testamento que surgiu na Igreja, sob a ação do Espírito de Deus. Ora, a Igreja, em cujo seio se formaram os diversos escritos que compõem o Novo Testamento, foi fiel, durante sua caminhada histórica, à fé em Jesus Cristo, tal como vem expressa no Novo Testamento. Nessa trajetória, sempre que se fez necessário, a Igreja aprofundou e explicitou determinadas questões, ou para responder a perguntas provenientes de certos ambientes culturais, ou para corrigir desvios, no seu próprio interior, em relação à fé confessada no Novo Testamento.

Conforme dissemos na introdução a este trabalho, não pretendemos aqui elaborar uma cristologia completa. Por isso, não abordaremos agora o desenvolvimento e o aprofundamento na proclamação da fé em Jesus Cristo, realizados no decurso da história da Igreja. Tendo em vista o objetivo deste trabalho, parece suficiente ressaltar que os desdobramentos eclesiais na reflexão cristológica constituem tentativas de resposta a problemas e questões referentes à vida cristã e, mais concretamente, ao significado da salvação mediante Jesus Cristo.

Vamos então limitar-nos apenas a mostrar o núcleo da preocupação da Igreja, na época dos grandes concílios cristológicos. Esperamos que fique claro que não se trata de uma preocupação prioritariamente especulativa. Ao contrário, nela predomina o interesse pastoral.

À medida que a fé em Jesus Cristo foi proclamada em ambientes influenciados pela cultura grega, começaram a surgir equívocos e mal-entendidos. O Novo Testamento, tivemos ocasião de constatar, confessa claramente a condição humana — na etapa de serviço e na etapa de glorificação — e a condição divina de Jesus Cristo. Ora, a afirmação da real condição divina de Cristo entrava em atrito com a visão grega da unicidade de Deus (o problema ocorreu também em relação ao monoteísmo judaico). A muitos pareceu que o cristão confessava dois deuses, algo aberrante para o pensamento filosófico grego (e também para o judaísmo). Para evitar essa dificuldade, alguns eliminaram a verdadeira condição humana de Jesus e, levados pela visão dualista, que despreza a matéria e o corpo, ficaram apenas com a condição divina. Jesus Cristo é Deus — afirmavam —, mas não é um homem verdadeiro. Sua corporalidade é apenas aparente ou fantasmagórica. Assim, não aceitavam uma encarnação real de Deus. Ora, se Jesus Cristo é só Deus, termina o problema levantado pela existência de dois sujeitos divinos (Deus, o Pai, e Jesus Cristo, o Filho, ambos divinos). Outros, contrariamente, na tentativa de eliminar a mesma dificuldade, ficaram só com a condição humana de Jesus Cristo, negando que ele fosse realmente Deus. Dessa forma, o problema era igualmente eliminado pela raiz.

A fé eclesial em Jesus Cristo não podia aceitar essas duas "saídas" para a dificuldade. E a causa era óbvia: se Jesus Cristo fosse só divino, só Deus, não haveria ponte, não haveria mediação entre Deus e os seres humanos. Tudo continuaria como antes, isto é, sem salvação. O mesmo resultado obter-se-ia, se Jesus Cristo fosse reduzido a mero homem, negando-se sua condição divina. Jesus seria apenas um homem e não Deus. E assim tampouco haveria ponte, tampouco seria possível a salvação.

É fácil perceber que o que estava em jogo era a forma de compreender-se a unicidade de Deus. Para o pensamento filosófico, Deus é o primeiro princípio e nada tem de características pessoais. A fé cristã sem dúvida é monoteísta: só aceita um Deus criador e salvador. Mas eis que surge a grande novidade cristã: no interior desse Deus único ocorre a realidade estupenda da relação amorosa, da comunidade, da comunhão. O Deus cristão é solidário, é comunhão de vida e de amor, é um Deus-Trindade: Pai, Filho e Espírito Santo. Trata-se de um único Deus, mas de um Deus *solidário*, não solitário, como é próprio do pensamento grego. Esta visão tão diferente do monoteísmo provocou numerosos mal-entendidos, nos primeiros séculos da história da Igreja. E, como era de se esperar, estas visões divergentes de Deus repercutiram na explicitação da fé em Jesus Cristo, no contexto do mundo cultural influenciado pelo pensamento grego. As afirmações trinitárias da fé cristã serão, frequentemente, entendidas, em função da filosofia grega, chegando-se à seguinte conclusão: não existe Trindade em Deus. É a conclusão a que chegaram as correntes conhecidas como *monarquianistas* (monos = único, arché = princípio). Essas correntes partem desta afirmação monoteísta: só existe um único princípio divino, só existe um Deus! E Jesus Cristo? Como explicar as afirmações do Novo Testamento sobre a condição divina dele?

Para uns, Pai, Filho e Espírito Santo seriam apenas manifestações diversas do único Deus, do único princípio divino. Seriam apenas modos de comunicar e de expressar esse único princípio divino (*monarquianismo modalista*). Para outros, Jesus seria um homem muito santo, eleito e privilegiado por Deus, mas simplesmente homem. Jesus Cristo não seria divino em si mesmo, mas possuiria uma força e um dinamismo divinos (*monarquianismo dinamístico*). Uns e outros negavam a realidade da Trindade em Deus.

A Igreja, na fidelidade à fé normativa do Novo Testamento, viu-se obrigada a reafirmar a realidade intratrinitária de Deus. Em si mesmo, Deus é Trindade. Assim, o Filho e o Espírito Santo não são meros modos de expressão do único princípio divino, o Pai. O Filho é um sujeito divino diferente do Pai (isso também deve ser afirmado a respeito do Espírito Santo). Consequência para a cristologia: Jesus Cristo, o Filho feito homem, é um sujeito divino diferente do Pai.

A Igreja viu-se na necessidade de definir como verdade de fé aquilo que o Novo Testamento confessa com clareza: Jesus Cristo é de condição humana real e, simultaneamente, também de condição divina real. Contudo, reafirmar essa verdade não foi suficiente. Logo surgiram orientações que, embora aceitassem que Jesus Cristo era um sujeito divino diferente do Pai, diziam que o caráter divino de Jesus era de "segunda categoria". Jesus Cristo é um sujeito divino —

afirmavam —, mas subordinado ao Pai. Procuravam, assim, manter a afirmação filosófica do único princípio divino. Só que, desse modo, também não são respeitados os dados básicos da fé cristã.

A subordinação de Jesus Cristo ao Pai foi defendida sobretudo pelo movimento ariano. Na realidade, o arianismo não aceitava a condição divina real de Jesus Cristo. Este — sustentava Ario — parecia divino, porque era muito agraciado pelo Pai, mas não passava de uma criatura.

O concílio de Niceia, realizado no ano 325, esclareceu que a fé cristã confessa que o Filho é *consubstancial* ao Pai, quer dizer, é tão divino quanto o Pai: não é criado, subordinado nem divino de "segunda categoria".

O Filho, plenamente divino, fez-se homem verdadeiro. Mas como se realizou, de fato, a união do divino e do humano em Jesus Cristo? Não foi fácil chegar-se a uma definição satisfatória a respeito da maneira pela qual ocorreu essa união. Uma tendência dentro da Igreja acentuava tanto a união, que o humano corria o risco de ser negado ou mutilado de alguma forma (tendência presente na escola teológica de Alexandria). Já uma outra tendência acentuava tanto a distinção entre o divino e o humano, que Jesus corria o risco de ser dividido em dois sujeitos: o divino e o humano (tendência presente na escola teológica de Antioquia).

As perguntas, neste momento, são inevitáveis: Se em nome do divino, o humano é diminuído ou mutilado, não estará em perigo a universalidade da salvação? Conforme a afirmação da Patrística, Jesus Cristo só salva aquilo que assume. Ora, se falta algo ao humano em Jesus Cristo, deveremos concluir que o ser humano é salvo só parcialmente. Será que Jesus Cristo salvou um homem mutilado, um homem só pela metade? Lembremos mais uma vez que o Novo Testamento apresenta Jesus como homem verdadeiro, sem mutilação de tipo algum. Por outro lado, se em Jesus Cristo encontramos dois sujeitos, o divino e o humano, falhará a mediação de Jesus Cristo confessada pelo Novo Testamento: do mesmo e único sujeito, Jesus Cristo, se afirmam as condições reais divina e humana.

O Concílio de Éfeso, realizado no ano 431, e sobretudo o Concílio de Calcedônia (451) precisaram o sentido dessa união do divino e do humano em Jesus Cristo. Segundo este último concílio, só existe um único sujeito ou pessoa em Jesus Cristo. É na pessoa do Filho que se unem o divino e o humano. Esta união da natureza divina e da natureza humana — conforme a terminologia conciliar — na pessoa do Filho realiza-se "de forma inconfundível, imutável, indivisa e inseparável. A diferença entre as naturezas jamais fica suprimida por causa da união; antes, a propriedade de cada natureza fica preservada, concorrendo ambas para formar uma só pessoa ou subsistência".[14] Jesus Cristo, conforme a fé cristã, é verdadeiro Deus e verdadeiro homem. Só esta confissão defende a realidade da mediação de Jesus, que une, salva e supera o abismo entre o divino e o humano.

Tudo isto é importantíssimo para a evangelização e para a vida cristã. Na mediação de Jesus Cristo, nosso irmão, participante de nossa condição humana,

---

[14] A tradução desse trecho da declaração do concílio de Calcedônia foi extraída da tradução portuguesa que se encontra em: BOFF, L. Jesus Cristo libertador. 8. ed. Petrópolis, Vozes, 1980. p. 205.

mas que simultaneamente é divino, encontramos o acesso ao Pai. Este é o objetivo pastoral das declarações e definições da Igreja sobre a identidade profunda de Jesus Cristo. O instrumental utilizado é sempre o próprio de uma determinada cultura, mas a afirmação resultante é patrimônio comum da fé eclesial em Jesus Cristo, fé confessada no Novo Testamento, embora com meios diferentes.[15] Claro está que as afirmações conciliares sobre Jesus Cristo procuram enfrentar determinadas questões, sem pretender apresentar uma cristologia completa.

Orientação para leitura

Boff, L. Jesus Cristo libertador. 8. ed. Petrópolis, Vozes, 1980. pp. 193ss; Serenthà, op. cit., pp. 190ss; González Faus, op. cit., pp. 349ss; Duquoc, op. cit., pp. 252ss.

VIII. Reflexão sobre Jesus Cristo na teologia contemporânea

Os desafios do mundo moderno têm levado a reflexão cristológica a rever as afirmações do passado para, fiel à intencionalidade profunda que elas contêm, traduzi-las num contexto cultural muito diferente daquele próprio do mundo antigo e medieval. Este trabalho não tem sido fácil, uma vez que a visão do mundo e do ser humano sofreu profundas modificações na modernidade. O estudo exegético do Novo Testamento tem constituído um auxílio valiosíssimo nesta tarefa.

---

[15] Existem várias tentativas de traduzir o significado das declarações de Calcedônia, utilizando a mediação cultural moderna. Ver, por exemplo, KASPER, op. cit., pp. 299-313.

A apresentação de Jesus Cristo feita nesta obra procurou, dentro dos limites impostos pelo objetivo proposto, levar em consideração os resultados mais bem comprovados da exegese do Novo Testamento e dos estudos atuais sobre Jesus Cristo.

Fiéis a esta inspiração, procuraremos abordar, neste capítulo, quatro temas básicos, aprofundados pela teologia contemporânea. São questões levantadas cada vez com mais frequência pelos cristãos desejosos de aprofundar seu encontro vivo com Jesus Cristo; esses cristãos, contudo, simultaneamente, se acham influenciados pela racionalidade crítica moderna.

Trata-se, convém assinalar, de reflexões teológicas, não de afirmações dogmáticas. E, na qualidade de reflexões teológicas, são apresentadas como explicações, de maneira sumária, a serviço da compreensão e da vivência mais profunda da fé.

O famoso hino cristológico de Fl 2,6ss fala-nos do "esvaziamento" vivido por Jesus Cristo. Até onde foi esse esvaziamento? A Carta aos Hebreus (4,15) responde com uma conhecida afirmação: Jesus Cristo "foi provado em tudo como nós, com exceção do pecado". Esta resposta constitui o ponto de partida para a reflexão sobre os três primeiros temas que serão objeto de nossa preocupação.

1. Paixões, instintos e tendências em Jesus de Nazaré

Acompanhando Jesus em sua caminhada histórica, é fácil perceber que ele nada tinha de um homem apático, indiferente, ao estilo dos estoicos. Jesus viveu sua missão de maneira intensa e apaixonada. A causa do Reino de Deus empolgou toda a sua vida, levando-o a viver um compromisso radical, em que estava presente toda a sua afetividade e racionalidade, todo o rico dinamismo de seu ser humano. Não há dúvida de que Jesus viveu as paixões e tendências provenientes da realidade do ser humano. Só havia uma exceção: ele não viveu as tendências provenientes do mal que habita o coração humano.

Surge então, imediatamente, uma pergunta: Se ele não pecou nem viveu a tendência para o mal, como poderia ser realmente humano? O pecado e a tendência para o mal não são constitutivos do ser humano que conhecemos, segundo nossa própria experiência?

Para responder a estas perguntas, é necessário, primeiramente, tomar consciência da deformação de nossa perspectiva de pecadores. Será mesmo verdade que o pecado é parte inerente do ser humano?

Anos atrás, tivemos oportunidade de ler a seguinte parábola: Numa ilha deserta moram três náufragos, que aí se encontram desde crianças. Na ilha existe um grande carregamento de bebidas alcoólicas, de maneira que os náufragos estão acostumados a beber até se embebedarem. Para os três, agora adultos, o fato de beber e de ficar embriagados é uma característica do ser humano. Imaginemos agora que uma quarta pessoa desembarque na ilha. Esta pessoa não bebe. Qual será a primeira reação dos três habitantes? O recém-chegado não é humano! Entretanto, com a convivência, podem ir percebendo que o novo náufrago não só é humano, como também é mais humano (mais lúcido, mais equilibrado etc.) do que eles, precisamente porque não bebe. Aos poucos, poderão aceitar a ideia de que ficar bêbado não faz parte constitutiva do ser humano. Mais ainda, poderão verificar que a bebedeira torna o ser humano menos humano.

Voltando ao nosso tema, se não fosse por Jesus Cristo, continuaríamos pensando que o pecado faz parte do ser humano, como uma de suas características básicas. Com Jesus Cristo, nossa visão do ser humano começa a entrar em crise. Diante de Jesus, a primeira reação é previsível: ele não pode ser verdadeiramente humano, uma vez que não é pecador! Só quando acompanhamos Jesus em sua vida, quando percebemos seu comportamento e atitudes, suas opções, sua riqueza afetiva e intelectual, sua profunda experiência de Deus, seu amor-serviço concreto e sua surpreendente solidariedade, só então começamos a reconhecer que Jesus Cristo é mais humano, precisamente porque não é pecador. E vamos constatando em nós mesmos que, quanto mais somos dominados pelo pecado, menos humanos nos tornamos. E somos mais humanos quando o pecado diminui em nós e quando o amor-serviço e a solidariedade vão se desenvolvendo.

Vejamos agora uma segunda aproximação ao tema: frequentemente, valorizamos a bondade de uma vida pelas dificuldades, obstáculos e tentações que a pessoa deve superar. É claro que tudo isto deve ser levado em consideração, mas não é o único elemento nem mesmo o mais decisivo. Com efeito, a bondade de uma vida se mede, sobretudo, pela vivência do amor-serviço e da solidariedade concreta. De maneira que uma pessoa mais pacificada interiormente e mais aberta, com relativa espontaneidade a Deus e aos irmãos, terá mais energia disponível para viver esse amor e essa solidariedade. É fácil concluir então que a pessoa que enfrenta graves obstáculos e tentações empregará grande parte de sua energia nessa luta toda, sobrando-lhe pouco para a vivência do amor e da solidariedade.

Reconhecemos assim com alegria que Jesus é mais humano do que nós, pecadores, justamente por não ser pecador. E isto se deduz pela qualidade de vida por ele vivida. Algo desta vida pudemos acompanhar na segunda e na terceira parte deste trabalho.

Conforme assinalamos, Jesus viveu uma existência totalmente aberta e centrada em Deus. E assim não pecou nem poderia pecar, afirma a fé da Igreja. Por isso, Cristo pôde ser o salvador-libertador. Toda a sua vida, cada instante de sua existência foi marcado pela negação do pecado. Jesus não pecou nem poderia pecar, não porque sua liberdade fosse deficiente, mas, ao contrário, porque era realmente livre. Lembremos que também Deus é totalmente livre e ele não pode pecar. Os bem-aventurados são bem mais livres do que nós e também não pecam. Conclui-se então que poder pecar é uma deficiência da liberdade e não uma perfeição.

Neste ponto, Jesus é diferente de nós. Entretanto, nunca deveríamos esquecer que ele, embora sem pecado, foi feito por Deus "pecado por causa de nós" (cf. 2Cor 5,21; Rm 8,3), quer dizer, ele viveu as limitações inerentes à nossa condição humana, marcada pelo pecado, pela fragilidade e pela morte.

2. O conhecimento próprio do homem Jesus de Nazaré, em sua vida terrestre

A teologia clássica tendia a reconhecer no homem Jesus de Nazaré um conhecimento praticamente universal.

De fato, três níveis de conhecimento eram atribuídos a Jesus durante sua vida terrestre:

— *o conhecimento beatífico*, ou seja, o conhecimento próprio da visão imediata de Deus.

— *o conhecimento infuso*, próprio dos anjos. Uma vez que Jesus é superior aos anjos (cf. Hb 1,5-14) — pensava-se — deverá ter um conhecimento pelo menos igual a eles;

— o *conhecimento adquirido*, ou seja, o conhecimento próprio de qualquer ser humano.

Este tipo de reflexão começou a entrar em crise quando o estudo exegético passou a ser levado em consideração na teologia sistemática ou dogmática. E também mais tarde, quando a antropologia moderna começou a influenciar os estudos cristológicos. Em consequência, várias questões foram levantadas:

— Como harmonizar essa visão da perfeição do conhecimento de Jesus com os dados apresentados pelos evangelhos? Como articular esse conhecimento universal com um antêntico desenvolvimento humano de Jesus? Uma autêntica perfeição humana não seria dinâmica?

Uma reflexão teológica mais bem fundamentada nos dados do Novo Testamento e mais atenta aos resultados comprovados pelas ciências humanas levou a teologia, sobretudo a partir dos estudos de K. Rahner, a apresentar de maneira diferente o conhecimento do homem Jesus, na etapa terrestre de sua vida. Em resumo, duas ordens de conhecimento devem ser atribuídas a Jesus, em conformidade com os dados do Novo Testamento:

— o conhecimento adquirido, de acordo com a cultura de seu tempo e de seu país;

— o conhecimento infundido por Deus, necessário para realizar sua missão de revelador e salvador.

Claro está que este tipo de conhecimento só pode vir de Deus.

Entretanto, a extensão desse conhecimento está limitada pela missão de Jesus, vivida realmente como servidor. O conhecimento atribuído a Jesus pela teologia clássica não se coaduna, pois, com a existência do Jesus histórico, vivida realmente na condição de servo.

3. A consciência da filiação divina no homem Jesus de Nazaré

Pertence à fé eclesial a afirmação de que Jesus tinha consciência de sua filiação divina, de sua união incomparavelmente única com o Pai. Até onde ia essa consciência? Quem melhor aprofundou essa questão foi também K. Rahner. Vejamos, em resumo e de maneira muito simplificada, a resposta a essa pergunta.

Primeiro elemento da resposta: existem diferentes graus na consciência que alguém tem de si próprio. Assim, o ser humano possui uma consciência *atemática* e uma consciência *temática*. O nível da consciência atemática está presente na pessoa quando, em sua atividade, em seu amor, no sofrimento, na oração, no diálogo etc., ela percebe espontaneamente que atua, ama, ora etc., mas esta percepção não é *reflexiva*. A consciência não está ainda tematizada, não é objeto de reflexão. Naturalmente, o despertar da consciência da criança ocorre primeiramente de maneira atemática. Aos poucos, tornar-se-á uma consciência temática, objeto de reflexão e de comunicação aos outros.

Segundo elemento: mesmo quando a pessoa chega a um bom nível ou grau de autorreflexão a respeito de si própria, não há uma total coincidência entre a disposição fundamental da consciência e a autorreflexão sobre ela. Existe um verdadeiro abismo entre aquilo que somos no mais profundo de nós mesmos e a capacidade que temos de refletir e comunicar aos outros *quem* somos nós, qual é nossa identidade pessoal. E, à medida que vamos amadurecendo, parece que esse abismo aumenta ao invés de diminuir.

Aplicando estes elementos à questão da consciência da filiação divina, podemos afirmar o seguinte: uma vez que Jesus viveu uma existência verdadeiramente humana, a ele devem ser aplicadas as características próprias de uma existência realmente histórica. E assim, a disposição fundamental da consciência humana de si próprio, no homem Jesus, foi sempre a filiação divina. Entretanto, essa disposição está submetida a um progressivo amadurecimento da reflexão e da capacidade de tematização. A filiação divina está presente, pois, de início, de maneira não reflexiva e não temática. Lentamente, como em cada um de nós, vai tornando-se uma consciência reflexa, capaz de comunicar-se com os outros. O encontro afetivo com Maria e com José, a oração, a escuta da Palavra de Deus, a língua do país, os costumes de seu contexto cultural..., constituem a rica mediação vivenciada por Jesus para a autocompreensão de sua identidade profunda. De maneira progressiva, ele vai percebendo e tomando consciência reflexiva da própria identidade, isto é, de sua filiação divina, mas sem nunca chegar, nesta existência terrena, a uma total coincidência entre o dado fundamental da filiação divina e a tematização desta. O ser humano, essencialmente histórico, não tem, na vida atual, uma consciência totalmente clara de sua própria identidade profunda.

Com palavras mais simples, Jesus viveu uma existência realmente histórica, sujeita ao tempo e ao amadurecimento em todos os níveis de sua vida, notadamente ao amadurecimento da consciência da filiação divina. Necessária se faz uma atenção cuidadosa para respeitar a condição de servidor, própria da existência humana de Jesus Cristo, a fim de não projetar a luminosidade da ressurreição sobre a vida do servo. A fé do Novo Testamento não deixa lugar a dúvidas: Jesus Cristo é nosso irmão, homem entre os homens, verdadeiro homem. Não é um super--homem.

4. Jesus Cristo, único mediador da salvação e diálogo inter-religioso

A mediação salvífica de Jesus Cristo, segundo o Novo Testamento, é universal e única. E as outras religiões? Têm algum caráter salvífico?

Dadas a vontade salvífica universal de Deus e a eficácia universal da redenção-reconciliação de Jesus Cristo (cf. 1Tm 2,4-5; Rm 5 etc.), deve ser rejeitada a perspectiva cristológica *exclusiva* (não existem mediadores da salvação fora de Jesus Cristo), bem como a perspectiva *eclesiocêntrica* ("Fora da Igreja não há salvação").

Contudo, no outro extremo, é também inaceitável para a fé cristã a opinião daqueles que defendem um puralismo salvífico, sendo Jesus apenas um mediador entre outros dessa salvação.

Nessa questão, importa muito não renunciar à própria identidade da fé cristã, à novidade cristã: Jesus Cristo é o Logos feito "sarx" (cf. Jo 1,14)! E, assim, a encarnação, vida, morte e ressurreição de Jesus Cristo têm um caráter único e universal. Todavia, como um evento datado no tempo e situado num espaço determinado pode ter um significado universal? É o Espírito que torna universal esse evento que é Jesus Cristo. E trata-se sempre do Espírito de Cristo, mesmo antes da encarnação. Sim, o Pai é fonte da nossa salvação, agindo no mundo criado e na história mediante o Verbo — oferecimento da verdade — e mediante o Espírito, capacitando para uma resposta de amor. O evento Jesus Cristo realiza plenamente o desígnio salvífico de Deus. O Espírito prepara esse evento no interior do ser humano e o torna eficaz universalmente. Assim, quem vive o amor concreto está vivendo a salvação cristã.

Essa perspectiva invalida o diálogo inter-religioso? Pelo contrário, é o fundamento para um diálogo fecundo. Lembremos que existe uma unidade básica do gênero humano, criado pelo amor de Deus e destinatário de uma salvação oferecida pelo amor universal desse mesmo Deus. É o Espírito de Deus quem atua em todo coração humano e em todas as tradições religiosas. E, assim, o diálogo inter-religioso é uma necessidade. A verdade cristã não é algo abstrato, mas é Jesus Cristo e, continuamente, somos chamados a aprofundar na experiência do encontro com ele. Trata-se de um dinamismo que nunca termina nesta nossa vida. Dadas a limitação, a ambiguidade e a pecaminosidade presentes na nossa existência atual, nunca possuímos de fato a plenitude da verdade e da vida, embora Jesus Cristo seja essa plenitude. Até o término da história humana haverá um caminhar progressivo na compreensão e na vivência da revelação de Deus em Jesus Cristo. No diálogo inter-religioso, na escuta do que o Espírito nos comunica, a nossa fé pode ser purificada, preconceitos podem ser superados, a fé cristã pode sair enriquecida.

Orientação para leitura

a) Sobre a ausência de pecado em Jesus Cristo, cf. SERENTHÀ, op. cit., pp. 552-560; DUQUOC, Cristologia. Ensaio dogmático I. O homen Jesus. São Paulo, Loyola, 1977. pp. 124-151.

b) Sobre o conhecimento e a consciência de Jesus Cristo na etapa de serviço, cf. GUTWENGER, E. "Ciência e consciência de Cristo". *Concilium*, 1 (1966), pp. 77-90; DUQUOC, op. cit., pp. 285-293; RAHNER, K. "Ponderaciones dogmáticas sobre el saber de Cristo y su consciencia de si mismo". In: Id. *Escritos de teología*. Madrid, Taurus, 1964. t.5, pp. 221-243; SERENTHÀ, op. cit., pp. 560-568.

c) Sobre a mediação única de Jesus Cristo e o diálogo inter-religioso, cf.: FRANÇA MIRANDA, M. de. "O encontro das religiões". *Perspectiva teológica* 26 (1994), pp. 9-26; WONG, J. H. P. "O Deus de Jesus Cristo em perspectiva pneumatológica. Para um pneuma-cristocentrismo", in: CANTONE, C. *A reviravolta planetária de Deus*. São Paulo, Paulinas, 1995. pp. 405-464.

IX. Em conclusão: Jesus Cristo e a nova evangelização na América Latina

Na revisão atualmente em andamento na Igreja latino-americana, estão sendo examinados tanto o conteúdo como o método de evangelização.

Em relação ao *conteúdo*, a revisão procura analisar até que ponto Jesus Cristo e a Boa-Nova evangélica estiveram ou não no centro do trabalho evangelizador. A história mostra que houve deficiências graves na apresentação de Jesus Cristo. Por isso, a Igreja está empenhada numa profunda renovação do conteúdo da evangelização, especialmente no que se refere ao anúncio de Jesus Cristo. Esta obra deseja contribuir um pouco para essa renovação.

Em relação aos *métodos* utilizados na evangelização, a revisão eclesial tem exigido um maior aprofundamento. Obviamente, o método deve estar em consonância com o conteúdo: um método inadequado pode destruir o melhor dos conteúdos.

Método, aqui, não significa apenas, nem principalmente, o instrumental utilizado na transmissão da mensagem. Trata-se de algo mais profundo, ou seja, da atitude básica que orienta a pessoa do evangelizador. Assim entendido, o método faz parte inerente da evangelização. A atitude profunda a guiar o evangelizador deve ser, sem dúvida, a mesma que orientou sempre o comportamento de Jesus de Nazaré. Toda a sua vida (e também sua morte) foi regida por uma atitude fundamental. "Tende em vós o mesmo sentimento que Jesus Cristo" (Fl 2,5), recomenda Paulo à comunidade de Filipos e às nossas comunidades eclesiais. Qual é essa atitude ou sentimento fundamental que nunca deveria faltar no trabalho evangelizador? O hino cristológico de Fl 2,6-11 também responde a esta pergunta. Jesus Cristo, existindo na condição divina, não ficou esperando que o ser humano dele se aproximasse; ele tomou a iniciativa de vir ao nosso encontro, tornando-se um dos nossos, um homem entre os homens e um homem servidor. E assumiu as consequências dessa condição de homem servidor. Ou, ainda mais claramente, conforme a afirmação de Paulo em 2Cor 8,9, Jesus Cristo se fez pobre por causa de nós, a fim de enriquecer-nos mediante seu empobrecimento.

É verdade que a "encarnação" em sentido próprio (o Filho de Deus se faz homem) se realiza só em Jesus Cristo. Neste, o divino e o humano estão unidos na pessoa do Filho ou Logos. Todavia, a encarnação fundamenta uma atitude básica, que guia o modo de proceder e a vida toda de Jesus. É o comportamento que Paulo recomenda à comunidade de Filipos e a toda e qualquer comunidade cristã. Na encarnação está a origem desse modo de proceder, que levou Jesus a viver, com toda coerência, a vocação do messianismo de serviço. Já vimos o quanto ele foi fiel a essa vocação, até as últimas consequências. Nada há de estranho, portanto, no fato de Jesus convidar os discípulos para viverem também o caminho do amor-serviço: Mc 10,35-45; Jo 13,12-17...

A missão de servidor, examinamos igualmente, foi assumida por Jesus em conformidade com a vontade do Deus-Ágape, do Deus da vida e da libertação. Claro está que, se Jesus assumisse um messianismo de dominação, estaria traindo a revelação desse Deus. Em consequência, a Igreja é chamada, no mais profundo do seu ser, a viver a vocação do serviço. Quando, na Igreja, o poder é exercido de maneira dominadora, ocorre uma negação de Jesus Cristo e do Deus-Ágape.

Alguém poderá levantar a seguinte questão: Dado que na Igreja todo mundo se considera servidor, como discernir o autêntico serviço de suas falsificações? Dada a ambiguidade, presente não só em cada ser humano, mas também nas comunidades eclesiais, a pergunta é pertinente. A resposta, mais uma vez, só pode ser encontrada na atitude profunda, vivida por Jesus Cristo: no seu desprendimento, no seu empobrecimento voluntário, que torna possível o enriquecimento do outro.

A atitude fundamental de Jesus Cristo resume-se no desprendimento, na saída-de-si-próprio para encontrar o outro onde estiver, a fim de ajudá-lo em seu crescimento. Este serviço real para o crescimento do outro — no pólo oposto da superproteção — deveria constituir a atitude básica do evangelizador.

A comparação entre o comportamento desenvolvido por um grupo de cristãos, na Igreja-mãe de Jerusalém, e a atitude vivida por Paulo, Barnabé, Silas e outros é bastante ilustrativa (cf. At 15). Os primeiros ficam fechados em seu mundo cultural; dizem que os gentios podem receber a salvação cristã, mas primeiramente deverão aceitar a lei de Moisés, bem como a circuncisão. Os "outros" é que devem vir até a Igreja.

Bem diferente é a atitude evangelizadora de Paulo e dos primeiros grandes evangelizadores. Eles não ficam instalados, esperando que os outros se aproximem: saem do ambiente familiar palestinense e vão ao encontro dos gentios, lá onde eles estão, em seu mundo cultural. O objetivo é ajudar os outros a encontrarem, no interior de seu mundo, um Jesus Cristo vivo, capaz de tocar seu coração no processo de conversão, um Jesus Cristo capaz de falar a linguagem e de movimentar a afetividade do grego, do romano, e assim por diante.

No concílio de Jerusalém — o primeiro da história da Igreja — ficou desautorizada a pretensão do grupo de Jerusalém (cf. At 15,5ss.). Entretanto, sua tendência continuou viva na Igreja pelos séculos afora.

Na realidade, duas orientações básicas estiveram sempre presentes na história da evangelização. Trata-se de outra expressão da ambiguidade que perpassa também a vida da Igreja. A primeira orientação impulsiona o evangelizador a sair-de-si-próprio para encontrar-se com o outro, respeitado como diferente, a fim de ajudá-lo a descobrir, em função dele próprio, Jesus Cristo vivo, salvador e libertador. A segunda orientação leva o evangelizador a rejeitar o outro como diferente, enquanto procura conquistá-lo, em nome de Jesus Cristo, para que seja como ele (o evangelizador) e possa viver assim a salvação cristã.

Inspirada na primeira orientação, a Igreja tornou-se grega com os gregos, romana com os romanos, bárbara com os bárbaros para, como diria Paulo, "ganhá-los todos para Cristo" (cf. 1Cor 9,18-23). Foi a mesma orientação que guiou outros grandes missionários da história da Igreja.

Quando predominou a segunda orientação, o trabalho evangelizador ficou muito prejudicado e, às vezes, até impedido. Pensemos no trabalho missionário, realizado no Extremo Oriente nos últimos séculos. A ideologia do eurocentrismo (Europa, centro do mundo) difundiu-se também entre as pessoas da Igreja e passou a influenciar o trabalho missionário. Grandes e até heroicos esforços tiveram escasso resultado, em virtude, em grande parte, da enorme dificuldade para a vivência de um desprendimento real do mundo de origem e para a abertura ao mundo chinês, japonês etc. Em resumo, tratava-se de procurar ser chinês com os chineses, japonês com os japoneses e assim por diante, com o objetivo de ganhá-los para Cristo (um Cristo chinês ou japonês) e não para uma determinada cultura (no caso, a ocidental). A quase identificação do Evangelho com uma determinada cultura criou uma forte ambiguidade e passou a ser um sério obstáculo para a evangelização naqueles países.

A mesma ambiguidade esteve presente na evangelização da América Latina. Ou melhor, a ambiguidade foi mais acentuada ainda, pois a evangelização foi intimamente vinculada a um projeto de conquista colonial. Houve vozes, na Igreja, que denunciaram o tremendo risco dessa união, mas esta não foi a atitude predominante. A segunda orientação — redução do outro, do índio, do negro... a nós mesmos — esteve muito presente na história da evangelização na América Latina. Faltou, com lamentável frequência, a atitude fundamental, vivida por Jesus Cristo: sair-de-si-próprio para encontrar o índio, o negro, o povo marginalizado, em seu mundo, em sua cultura, em sua expressividade. Encontrá-los para aprender com eles e assim poder ajudá-los na descoberta de um Jesus Cristo que é *também* índio, negro, mestiço, mulato..., um Cristo que já estava no coração dessa gente (universalidade da graça da redenção de Jesus Cristo). A evangelização é vista, assim, como um serviço humilde e discreto, que ajuda a emergir esse Cristo com os traços do índio, do negro..., que fala a linguagem deles e que toca seu coração, convidando-os à conversão.

É verdade que a outra cultura — como qualquer cultura — tem elementos ou aspectos que deveriam ser modificados, do ponto de vista evangélico. Todavia, a conversão deve ser feita não mediante uma imposição externa, mas no interior da própria cultura a ser evangelizada, iluminada e fecundada pelo Evangelho.

Em resumo, a evangelização — conteúdo e método — está a serviço do anúncio de Jesus Cristo e da Boa-Nova por ele vivida e proclamada, anúncio a ser feito no contexto da linguagem, da expressividade e da sensibilidade do outro, respeitado e valorizado como outro. E isto é anunciar Jesus Cristo tanto na etapa de serviço quanto na etapa de glorificação:

a) *Anúncio de Jesus Cristo na etapa de serviço, com as opções e atitudes por ele vivenciadas.* É um anúncio carregado de consequências para a vida de cada cristão e de cada comunidade eclesial, pois que vivem ainda o tempo do serviço e da sementeira.

b) *Anúncio de Jesus Cristo glorificado, fundamento de esperança plantado no coração desta nossa história feita de ambiguidades.* É o anúncio do Senhor Jesus, presente e atuante, mediante seu Espírito, na vida das comunidades eclesiais (bem como em cada cristão, na história humana e no cosmos), iluminando-as, vivificando-as e fortalecendo-as na caminhada rumo à Promessa; e infundindo-lhes a convicção de que, vivendo hoje a solidariedade e o amor-serviço, manifestados na vida e na morte de Jesus Cristo, durante sua existência terrestre, participarão, unidas a ele, da plenitude da vida, da liberdade e do amor.

SUMÁRIO

INTRODUÇÃO 3

1. QUESTÕES INTRODUTÓRIAS 9

I. Relação entre o Cristo da fé e
   o Jesus histórico... 9
   1. O vaivém da questão histórica........................ 9
   2. O acesso a Jesus de Nazaré: o histórico
      e o interpretado 11
   3. O acesso a Jesus de Nazaré: a mensagem e o
      instrumental utilizado em sua comunicação ... 14

II. Morte-Ressurreição: ponto de partida da fé
    explícita em Jesus Cristo e da reflexão
    cristológica 16

III. A necessária articulação entre o Jesus histórico
     e o Cristo da fé.. 18
   1. O influxo negativo da mentalidade dualista:
      ruptura entre o Jesus servidor e o Cristo
      glorificado e ruptura entre o divino e o
      humano em Jesus Cristo 18
   2. Resumo da fé em Jesus Cristo, conforme
      o Novo Testamento 19
   3. Consequências da separação entre o Jesus
      histórico e o Cristo da fé 20

2. O ITINERÁRIO PERCORRIDO
POR JESUS DE NAZARÉ 25

I. O que Jesus não foi 25

II. Jesus e João Batista... 27
   1. Conteúdo da pregação de João 28
   2. Diferenças entre João e Jesus 29

III. Significado do Batismo de Jesus 30
IV. Significado da tentação de Jesus 32
   1. Jesus tentado 32
   2. Clarificação do conteúdo da tentação 33
V. Jesus vive a vocação de servidor, anunciando o Reino de Deus 36
   1. Origem da expectativa do Reino de Deus 36
   2. Reino de Deus: centro e resumo da mensagem e da atividade toda de Jesus 37
   3. Em que consiste o Reino de Deus? 37
   4. O Reino: dom gratuito de Deus 38
   5. A gratuidade do Reino de Deus evidencia-se em seus destinatários 39
   6. O risco mortal da atitude farisaica 45
   7. Conversão e fé: resultado da ação do dom do Reino e resposta do ser humano 47
   8. O Reino rejeitado e o juízo 48
   9. O Reino é futuro e, simultaneamente, presente 49
   10. Como atua hoje o Reino de Deus 49
VI. Jesus vive a vocação de servidor em suas atitudes 54
   1. Comportamento de Jesus em relação à "Halaká" e à "Torá" 54
   2. Atitude de Jesus em relação aos ricos 59
   3. Liberdade de Jesus em relação à religião 66
   4. Liberdade de Jesus no contexto sociopolítico palestinense 72
   5. Os milagres de Jesus: atuação libertadora do Deus da vida 74
   6. Relação entre Jesus e o Pai, sinal básico do Reino de Deus 81

3. SIGNIFICADO DA MORTE DE JESUS 91
I. Cruz: solidariedade que vence a morte 91
   1. Jesus diante de sua morte violenta 91

2. Qual foi a causa da morte de Jesus?..................93
3. Será que o sofrimento é mesmo salvador?..................95
4. A necessária perplexidade diante da cruz de Jesus..................97
5. Como se revela Deus na cruz de Jesus?..................100

4. SIGNIFICADO DA RESSURREIÇÃO DE JESUS..................103

I. O testemunho da ressurreição de Jesus no Novo Testamento..................104
   1. Como é apresentada, no Novo Testamento, a fé na ressurreição de Jesus..................104
   2. As aparições, fundamento da fé na ressurreição..................107
   3. A ressurreição é um fato histórico?..................108

II. Explicitação do conteúdo da fé na ressurreição de Jesus..................110
   1. Dimensão escatológica..................110
   2. Dimensão salvífica..................111
   3. Dimensão cristológica..................113
   4. Dimensão teológica..................114
   5. Significado da ascensão..................114
   6. "Ao terceiro dia" (cf. 1Cor 15,4)..................115
   7. "Segundo as escrituras" (cf. 1Cor 15,4)..................115
   8. "Desceu à mansão dos mortos"..................115
   9. Significado da ressurreição de Jesus na vida cristã e na vida das comunidades..................116
   10. Jesus, morto e ressuscitado, é a realização do Reino de Deus..................117

5. QUEM É, ENTÃO, JESUS DE NAZARÉ?..................119

I. Jesus é o Cristo..................120
   1. Messias: ambiguidade de título..................121
   2. Messias: aplicação a Jesus..................123
   3. Jesus é o Cristo!..................123

II. Jesus é o servo de Iahweh, o homem da
    substituição-solidariedade 125
   1. Sofrimento substitutivo no Antigo Testamento 125
   2. Jesus vive o significado do servo de Iahweh 126
   3. A reconciliação-solidariedade de Jesus 127
   4. Substituir não é tirar o lugar do outro! 128
   5. A solidariedade-substituição atual 130

III. Jesus Cristo, Filho do Homem, segundo Adão e
     Homem Novo 135
   1. Jesus Cristo, Filho do Homem 135
   2. Jesus Cristo, segundo Adão e Homem Novo:
      agora sabemos o que significa ser humano! 136

IV. Jesus Cristo é o Senhor, o primogênito e a
    recapitulação-plenitude 140
   1. Jesus Cristo é o Senhor: resumo da
      identidade cristã 140
   2. Fl 2,6-11: a condição divina do Senhor Jesus 144
   3. Jesus Cristo é o primogênito e a
      plenitude-recapitulação 146

V. Jesus Cristo é a palavra encarnada, o Filho de Deus
   e o próprio Deus 150
   1. Jesus Cristo é o Verbo feito fraqueza
      humana ("sarx"): Jo 1,14 150
   2. Jesus Cristo é o Filho de Deus em sentido único 152
   3. Significado cristológico do "Eu Sou" 154
   4. Jesus Cristo é Deus 154

VI. Significado cristológico dos relatos da
    infância de Jesus 155
   1. Significado das genealogias (cf. Mt 1,1-17 e
      Lc 3,23-38) 156
   2. Significado da concepção virginal (cf. Mt 1,18-25
      e Lc 1,26-38) 156
   3. O nascimento em Belém (cf. Mt 2,1-5; Lc 2,1-7) 157
   4. Os pastores (cf. Lc 2,8-20) 157
   5. Os magos e a estrela (cf. Mt 2,1-12) 157

6. Jesus apresentado no templo (cf. Lc 2,22-38) 158
7. Os cânticos (cf. Lc 1,46-55; 1,67-79; 2,29-32...) 158
8. Matança dos inocentes e fuga para o Egito
   (cf. Mt 2,13-23) 158
9. O menino Jesus no templo (cf. Lc 2,41-50) 158
10. A vida de Jesus em Nazaré (cf. Lc 2,51-52) 159
11. Afirmação fundamental dos relatos da infância 159
12. Gênero literário dos relatos da infância 160
13. Os relatos da infância de Jesus: desafio pastoral 160

VII. Fidelidade da Igreja à fé em Jesus Cristo,
     proclamada no Novo Testamento 164

VIII. Reflexão sobre Jesus Cristo na teologia
      contemporânea 170

1. Paixões, instintos e tendências em
   Jesus de Nazaré 171
2. O conhecimento próprio do homem Jesus
   de Nazaré, em sua vida terrestre 174
3. A consciência da filiação divina no homem Jesus
   de Nazaré 176
4. Jesus Cristo, único mediador da salvação e
   diálogo inter-religioso 178

IX. Em conclusão: Jesus Cristo e a nova evangelização
    na América Latina 180

Paulinas

Rua Dona Inácia Uchoa, 62
04110-020 – São Paulo – SP (Brasil)
Tel.: (11) 2125-3500
paulinas.com.br – editora@paulinas.com.br
Telemarketing e SAC: 0800-7010081